Theorien der Strafe zur Einführung

Franziska Dübgen

Theorien der Strafe zur Einführung

JUNIUS

Junius Verlag GmbH
Stresemannstraße 375
22761 Hamburg
www.junius-verlag.de

Umschlaggestaltung: Florian Zietz
Titelbild: © ddpimages/
Shotshop/Björn Lotz
Satz: Junius Verlag GmbH
Printed in the EU 2015
ISBN 978-3-88506-766-5

Bibliografische Information der Deutschen Nationalbibliothek
Die Deutsche Nationalbibliothek verzeichnet diese Publikation in der Deutschen Nationalbibliografie; detaillierte bibliografische Daten sind im Internet über http://dnb.d-nb.de abrufbar.

Zur Einführung ...

... hat diese Taschenbuchreihe seit ihrer Gründung 1977 gedient. Zunächst als sozialistische Initiative gestartet, die philosophisches Wissen allgemein zugänglich machen und so den Marsch durch die Institutionen theoretisch ausrüsten sollte, wurden die Bände in den achtziger Jahren zu einem verlässlichen Leitfaden durch das Labyrinth der neuen Unübersichtlichkeit. Mit der Kombination von Wissensvermittlung und kritischer Analyse haben die Junius-Bände stilbildend gewirkt.

Seit den neunziger Jahren reformierten sich Teile der Geisteswissenschaften als Kulturwissenschaften und brachten neue Fächer und Schwerpunkte wie Medienwissenschaften, Wissenschaftsgeschichte oder Bildwissenschaften hervor. Auch im Verhältnis zu den Naturwissenschaften sahen sich die traditionellen Kernfächer der Geisteswissenschaften neuen Herausforderungen ausgesetzt. Diesen Veränderungen trug eine Neuausrichtung der Junius-Reihe Rechnung, die seit 2003 von der verstorbenen Cornelia Vismann und zwei der Unterzeichnenden (M.H. und D.T.) verantwortet wurde.

Ein Jahrzehnt später erweisen sich die Kulturwissenschaften eher als notwendige Erweiterung denn als Neubegründung der Geisteswissenschaften. In den Fokus sind neue, nicht zuletzt politik- und sozialwissenschaftliche Fragen gerückt, die sich produktiv mit den geistes- und kulturwissenschaftlichen Problemstellungen vermengt haben. So scheint eine erneute Inventur der Reihe sinnvoll, deren Aufgabe unverändert darin besteht, kompetent und anschaulich zu vermitteln, was kritisches Denken und Forschen jenseits naturwissenschaftlicher Zugänge heute zu leisten vermag.

Zur Einführung ist für Leute geschrieben, denen daran gelegen ist, sich über bekannte und manchmal weniger bekannte Autor(inn)en und Themen zu orientieren. Sie wollen klassische Fragen in neuem Licht und neue Forschungsfelder in gültiger Form dargestellt sehen.

Zur Einführung ist von Leuten geschrieben, die nicht nur einen souveränen Überblick geben, sondern ihren eigenen Standpunkt markieren. Vermittlung heißt nicht Verwässerung, Repräsentativität nicht Vollständigkeit. Die Autorinnen und Autoren der Reihe haben eine eigene Perspektive auf ihren Gegenstand, und ihre Handschrift ist in den einzelnen Bänden deutlich erkennbar.

Zur Einführung ist in der Hinsicht traditionell, dass es den Stärken des gedruckten Buchs – die Darstellung baut auf Übersichtlichkeit, Sorgfalt und reflexive Distanz, das Medium auf Handhabbarkeit und Haltbarkeit – auch in Zeiten liquider Netzpublikationen vertraut.

Zur Einführung bleibt seinem ursprünglichen Konzept treu, indem es die Zirkulation von Ideen, Erkenntnissen und Wissen befördert.

Michael Hagner
Ina Kerner
Dieter Thomä

Inhalt

Einleitung: Die neue Lust am Strafen

Strafen im juridischen Bereich sind Sanktionen seitens des Staates, die auf eine Gesetzesübertretung folgen. Seit dem Ende des 18. Jahrhunderts hat sich insbesondere die Gefängnishaft als Instrument der Bestrafung durchgesetzt, sodass Alexis de Tocqueville bereits nach seiner Reise in die USA in den 1830er Jahren fordern konnte, man müsse eine Demokratie auf der Basis ihrer Gefängnisse beurteilen (Beaumont & Tocqueville 1845). Gefängnisse sind – befreit von den mittelalterlichen Relikten physischer Folter und Grausamkeit – das Symbol einer modernen Epoche des Strafens geworden. Sie stehen für die Humanisierung des Strafens und den Fortschritt im strafrechtlichen Denken. Die moderne Haft ersetzt die Marter durch einen zeitlich definierten Freiheitsentzug, der als Quantifizierung des durch die Strafe verursachten Leidens das begangene Unrecht aufwiegen soll. Bereits Tocqueville merkte jedoch an, dass das Gefängnis durch seinen totalen Zugriff auf das Individuum die höchste Form des Despotismus darstelle und damit die Demokratie zu unterhöhlen drohe.

In Gefängnissen als Orten des modernen Exils, der Verbannung aus der Gesellschaft, sollen Menschen gebessert werden, um nach ihrer Haftzeit wieder ohne Straftaten frei leben zu können. Verfassungsrechtlich wurde dieser Gedanke in Deutschland als das Gebot zur Resozialisierung verankert und durch das Sozialstaatsprinzip und die Menschenwürde begründet. Die soziale Wirklichkeit von Haftanstalten scheint sich jedoch von diesem Ideal zu entfernen: Das Gefängnis ist nicht mehr allein oder vorrangig eine Institutionen der Besserung. Es ist auch, so behaupten jedenfalls seine Kritiker, ein Ort der Verwahrung, der Abschreckung und der Stigmatisierung (Wacquant 2009).

In Gefängnissen werden nicht selten kriminelle Netzwerke aufgebaut und Insassen durch die Erfahrung von Abwertung und Exklusion empfänglich für die Indoktrinierung radikaler Ideologien (Hannah, Clutterbuck & Rubin 2008, 14). Inmitten eines Klimas wiederkehrender psychischer und physischer Gewalt unter den Gefangenen, eingebettet in den Kontext eines streng regulierten Tagesablaufs, segregiert von ihrer Familie, ihrem sozialen Netzwerk und der restlichen Gesellschaft, geraten Häftlinge häufig in eine soziale Abwärtsspirale. Nach der Haftzeit folgen nicht selten Arbeitslosigkeit, Obdachlosigkeit und soziale Isolation. Gut zwei Drittel der Straftäter werden in Deutschland innerhalb der ersten drei Jahre rückfällig (Jehle et al. 2013, 8). Diese Erkenntnisse sind nicht neu, sondern begleiten die Haft, seit es sie gibt (Foucault 1994).

Während in den 1980er Jahren die Abschaffung strafrechtlicher Institutionen zugunsten anderer Strafformen – und sogar die Abschaffung des Sanktionsmittels Strafe insgesamt, zumindest in radikalen Nischen der Kriminologie – ernsthaft diskutiert wurde, wird heute erneut der Ruf nach härteren Strafen laut. Es werden neue Gefängnisse gebaut, die eine noch bessere, effizientere und personalsparende Überwachung versprechen. Private Unternehmen entdecken den Vollzug als Investitionsfeld, entweder um dort Waren zu Niedriglöhnen produzieren zu lassen oder um im Rahmen öffentlich-privater Partnerschaften selbst eine Haftanstalt zu betreiben. Im Strafrecht gibt es Verschärfungen, insbesondere im Jugendstrafrecht und im Sexualstrafrecht. Kriminologen diskutieren deshalb über eine »neue

Lust am Strafen« als wachsende Punitivität in Gesetzgebung, Strafzumessung und Vollzug (Pratt 2007; Schlepper 2015). Um die gegenwärtige Diskussion über Ziele, Maß und Rechtfertigung der Strafe einzuordnen, hilft ein Blick in die Geschichte des strafrechtlichen Denkens. Seit der Frühaufklärung haben sich innerhalb der Straftheorie unterschiedliche Positionen herausgebildet, welche die Debatte bis heute strukturieren.

Die Frage, die in dieser Einführung bei der Diskussion unterschiedlicher Theorien der Strafe immer wieder neu und anders beleuchtet wird, ist die Frage nach den Gründen und Rechtfertigungen staatlichen Strafens. Während normative Theorien die Strafe im Hinblick auf absolute Ziele wie jenes der Gerechtigkeit oder auf ihre Zwecke hin begründen, analysieren sozialtheoretische Beiträge das Fortleben und den Wandel der Strafe als gesellschaftliche Praxis in Form der Funktionen, die sie für die Gesellschaft hat. Vor dem Hintergrund philosophischer, juridischer, soziologischer, politikwissenschaftlicher und ökonomischer Ansätze lassen sich unterschiedliche Zugriffe auf das Phänomen der Strafe entfalten, die jeweils ihre Transformationen, zugleich aber auch ihre Beständigkeit und Wirkmächtigkeit erklären. Die Art und Weise, wie wir heute über die Strafe und ihre Rechtfertigungen nachdenken, ist selbst Produkt der spezifischen Genese eines rechtsphilosophischen Denkens, das bis ins Altertum zurückreicht und insbesondere in der Zeit der Aufklärung philosophisch ausgearbeitet wurde. Präventionstheoretische Ansätze der Abschreckung durch Strafe, wie sie bereits im 18. Jahrhundert entworfen wurden, haben auch heute noch eine erstaunliche Aktualität.

Die Auswahl der in dieser Einführung vorgestellten Theoretiker und ihrer Schriften begründet sich vor allem damit, wie stark sie die Debatte über das Strafrecht und seine Reformen geprägt haben und welche Erklärungskraft sie im Lichte aktueller

Diskussionen haben. Auf den Anspruch auf Vollständigkeit muss dabei selbstredend verzichtet werden. Wert gelegt wird dagegen auf eine textnahe Rekonstruktion zentraler Schriften der jeweiligen Autoren. Dabei tritt mancher Theoretiker, der in der Strafrechtsdogmatik einen prominenten Platz einnimmt, hinter jüngeren, kritischen und marginaleren Positionen zurück. Der Band bemüht sich, auch randständige Strömungen wie postkoloniale, *race*kritische, feministische und neomarxistische Ansätze für die Debatte fruchtbar zu machen und außereuropäischen Diskurssträngen zur Sichtbarkeit zu verhelfen, die innovative Impulse für die hiesige Debatte zu geben versprechen.

Das erste Kapitel beginnt mit einer intensiven und textnahen Lektüre der paradigmatischen Schriften seit der Frühaufklärung, welche die Debatte bis heute strukturieren und sich in relative und absolute Theorien der Strafe unterteilen lassen. In einem zweiten Kapitel wendet sich der Band verschiedenen Versuchen zu, die Straftheorie einerseits enger an die Empirie und die Erfordernisse politischer Steuerung zu binden und andererseits ihre normative Rechtfertigung aus dem Blickwinkel soziologischer Analyse und genealogisch-historischer Rekonstruktion zu überprüfen. Diese sozialtheoretischen Schriften fragen nach den Gründen, welche die Strafe jenseits ihrer vordergründigen Motive auf einer strukturellen, machttheoretischen und psychologischen Ebene motivieren. Das dritte Kapitel wendet sich der Frage nach der Schuldfähigkeit des Individuums zu. Die Idee der Strafe basiert vornehmlich auf der Vorstellung eines verantwortlichen Individuums, das stets auch anders hätte handeln können. Neuere neurowissenschaftliche Forschungen stellen diese Konzeption des Menschen jedoch infrage. Rechtsphilosophen und Kriminologen haben unterschiedliche Wege beschritten, um mit dieser Herausforderung an das Schuldstrafrecht umzugehen, die hier vorgestellt werden. Im vierten Kapitel beleuchtet der Band kritische Theorien der Strafe materialistischer, sprachphilosophischer, feministischer und postkolonialer Provenienz. Solche Theorien zielen darauf, das Verständnis von Strafe als Schwert der unparteiischen Justizia (versinnbildlicht durch die Augenbinde der Göttin der Gerechtigkeit) zu entmystifizieren und die Funktion von Strafe als Mittel der Herrschaftsstabilisierung bis in die Gegenwart herauszuarbeiten: Neoliberale Reformen in westlichen Ländern bewirken neben dem Zuwachs individueller Freiheiten in der Bevölkerung auch neue Ängste vor einem sozialen Abstieg. Die Toleranz im Umgang mit Diversität und von hegemonialen Normen abweichendem Verhalten ist dabei auf dem Rückzug begriffen. Neue punitive Elemente drohen das ausgleichende wohlfahrtsstaatliche Paradigma des Strafens der 1970er und 1980er Jahre abzulösen und soziale Problemlagen strafrechtlich zu regulieren. Die Vorstellung des eigenständigen Individuums, das volle Verantwortung für seine Handlungen trägt, unabhängig von seinem Milieu, ist einer der Pfeiler dieses neuen straftheoretischen Diskurses des Neoliberalismus. Nicht auch gesellschaftliche, politische und ökonomische Faktoren, sondern allein das Tätersubjekt wird als ursächlich für kriminelle Handlungen beschrieben. Während des Kolonialismus und der Segregation von schwarzen und weißen Menschen in den USA diente das Strafrecht zudem als Mittel der sozialen Differenzierung, der Unterwerfung und der Maximierung wirtschaftlichen Profits, deren Nachwirkungen in den Postkolonien sich bis heute nachzeichnen lassen. Diese Verzahnung des Strafrechts mit Formen kolonialen Regierens und der Sklaverei hinterlässt in den vom Kolonialismus befreiten Nationen ein ambivalentes Erbe des Rechts und insbesondere des Strafrechts. Ein Exkurs zu »Ubuntu« als einem aus Afrika stammenden Gerechtigkeitsideal zeigt eine alternative Möglichkeit, den Zusammenhang von Verbrechen und Wiedergutmachung konzeptionell zu fassen. Das fünfte Kapitel beschäftigt sich im Anschluss an diese Überlegungen über konzeptuelle Alternativen zur Strafe mit Gerechtigkeitstheorien jenseits der Strafgerechtigkeit. Es rekonstruiert abolitionistische Positionen, die für eine Abschaffung der Gefängnisse und der Strafe im Allgemeinen argumentierten. Restaurative Theorien der Gerechtigkeit plädieren für ein Modell der kommunikativen Konfliktlösung mit den Zielen der Entschädigung und der Versöhnung zur Wiederherstellung der sozialen Harmonie. Schließlich wird anhand transformativer Gerechtigkeitstheorien die Frage der Normstabilisierung jenseits repressiver Gewalt aufgeworfen und im Hinblick auf die Veränderbarkeit von Machtstrukturen diskutiert.

Abschließend findet sich ein Glossar, das dem Leser und der Leserin Orientierung im Bereich der straftheoretischen Fachtermini bieten möchte. Zwar geht das Buch neben der Entfaltung systematischer Aspekte vorrangig chronologisch vor, dennoch kann es nach dem jeweiligen Lektüreinteresse kapitelweise gelesen werden und bietet immer wieder Querverweise auf Denker und Theorieansätze, die an anderer Stelle vertiefend diskutiert werden.

1. Normative Begründungsmodelle der Strafe

Von ihrem Beginn an lassen sich Straftheorien in relative und absolute Ansätze untergliedern. Relative Straftheorien rechtfertigen Strafen durch den aus ihnen entstehenden Nutzen für das Gemeinwesen. Sie sind auf die Zukunft ausgerichtet und zielen auf die Verhinderung neuer Gesetzesübertretungen. Absolute Straftheorien verorten den Grund der Strafe hingegen in der Tat. Sie beziehen sich retrospektiv auf die Wiedergutmachung vergangenen Unrechts. Normativ rechtfertigen sie sich durch den Verweis auf den übergeordneten Wert Gerechtigkeit oder auf die immanente Zweckhaftigkeit des Strafens als Modus der Vergeltung. Als klassische Vertreter absoluter Straftheorien können der Aufklärungsphilosoph Immanuel Kant (1724–1804) und G.W.F. Hegel (1770–1831) gelten.

Einer der frühesten Autoren einer relativen Straftheorie, der für die Beurteilung des Nutzens von Strafen für das Gemeinwesen argumentiert hat, ist der italienische Jurist und Philosoph Cesare Beccaria (1738–1794). Ein weiterer prominenter Vertreter der utilitaristischen Staats- und Rechtstheorie ist Jeremy Bentham (1748–1832), ein aus Großbritannien stammender Gelehrter. Er wird im Kontext der Straftheorien jedoch nur selten genannt. Wir nehmen ihn hier auf, weil seine Überlegungen zu einer ökonomisch fundierten, nutzenmaximierenden Straftheorie heute wieder Konjunktur haben. Seine Verortung in der Ideengeschichte des Strafens verspricht Hinweise darauf zu geben, warum über staatliches Strafen in der Art und Weise nachgedacht wird, wie es in den Bereichen der Politik und des Rechts gegenwärtig der Fall ist.

1.1 Strafen für das Gemeinwohl – relative Begründungen der Strafe

Inspiriert von den philosophischen Schriften der Aufklärung stellen Denker des 18. Jahrhunderts das mittelalterliche Strafsystem auf den Prüfstand. Den frühen Kritikern der Strafe ging es zum einen darum, die Straftheorie auf die von ihr selbst proklamierte Legitimation hin zu überprüfen: Vorrangig wurde diese in der Abschreckung der Täter zur Verhinderung zukünftiger Straftaten gesehen. Es handelte sich also um eine immanente Befragung der Strafe nach ihrer Wirkmächtigkeit und Kohärenz. Denkern wie Cesare Beccaria und Jeremy Bentham ging es zum anderen darum, die Strafe überhaupt systematisch zu begründen, sie philosophisch zu rechtfertigen und damit der Kontingenz des Strafens durch einen absolutistischen Herrscher entgegenzuwirken. Zudem führt Beccaria humanistische Motive dafür an, warum das durch exzessive Strafen verursachte Leiden gemindert werden sollte. Vorrangige Begründungslast übernimmt jedoch bei beiden Autoren die relative Straftheorie der Prävention, die sich vom Zweck des Strafens her rechtfertigt, nämlich der Verminderung von Kriminalität.

1.1.1 Klare Gesetze als beste Verbrechensprävention (Beccaria)

Cesare Beccarias kriminalpolitisches Pamphlet *Von den Verbrechen und von den Strafen* (1764, ital.: *Dei delitti e delle pene*) gilt als Geburtsstunde der modernen Kriminologie (Seminara 2014,

1127) und als Manifest der strafrechtlichen Aufklärung (Garlati 2015, 240). Es ist einer der einflussreichsten Texte der Neuzeit über das Strafen und fand bereits zu Lebzeiten Beccarias in Europa weite Verbreitung. Was macht seine Wirkmächtigkeit aus? Das Gedankengut, das sich in diesem kriminalpolitischen Manifest finden lässt, war seinerzeit nicht wirklich neu. Jedoch zeichnet den Text aus, dass er die frühaufklärerische Kritik am mittelalterlichen Strafsystem bündelte und zuspitzte. In seinem Essay nimmt Beccaria die repressive, willkürliche und grausame Kriminaljustiz seiner Zeit ins Visier. Zudem wendet er sich gegen die elendigen Verhältnisse in den Gefängnissen, gegen die Klassenjustiz in Form der Bevorteilung des Adels und gegen besonders grausame Formen öffentlicher Bestrafung, die seiner Ansicht nach eher zur Verrohung als zur Verbesserung der Menschen beitragen. Stattdessen plädiert er für ein transparentes, effizientes und angemessenes System der Bestrafung mit dem Ziel, das Gemeinwesen zum Wohl aller zu stärken.

Der Marchese Cesare Beccaria wird 1738 in Mailand geboren und entstammt einer adeligen Familie. Er absolviert ein Jurastudium in Padua, allerdings mit wenig Begeisterung. Beccaria beschreibt seine Ausbildung als dogmatisch, uninspirierend und durch einen autoritären Lehrstil geprägt (Monachesi 1956), weshalb er sich von den Rechtswissenschaften im engeren Sinne abwendet und ein Interesse für die Mathematik, die Philosophie und die Literatur entwickelt. Besonders begeistert er sich für die Schriften von Jean-Jacques Rousseau, Charles de Montesquieu, Thomas Hobbes und der französischen Enzyklopädisten. Beccaria wird Teil eines Kreises junger Männer, die sich um die Gebrüder Pietro und Alessandro Verri versammeln und ähnliche Interessen pflegen wie er selbst. Pietro Verri, ein zu seiner Zeit bedeutender italienischer Ökonom, wird sein Mentor. Er beauftragt Beccaria, der ihn gelangweilt um eine sinnerfüllende

Aufgabe bittet, eine Abhandlung über die Lage der Justiz in Mailand zu verfassen (Garlati 2015, 239). Dafür stellt er ihm seinen Bruder Alessandro Verri zur Seite, der Schriftsteller ist, nebenbei selbst Gefangene betreut und sich für deren Rechte engagiert. Beccarias reichhaltige Notizen, die dieser in weniger als einem Jahr zusammenträgt, werden von Pietro Verri geordnet und in Form gebracht. Zum Zeitpunkt der Publikation ist Beccaria gerade einmal 26 Jahre alt. Der Aufklärungsphilosoph Abbé André Morellet übersetzt das Werk noch im Jahr seiner Veröffentlichung ins Französische und ordnet es dabei neu. Darüber hinaus kommentiert Voltaire die Schrift, was ihr zu weiterer Berühmtheit verhilft. Die Publikation erfolgt jedoch zunächst anonym. Nicht ohne Grund: Der Text wird 1766 von der römischen Kirche auf die Liste verbotener Bücher gesetzt und bleibt dort bis zum Zweiten Vatikanischen Konzil im Jahr 1962 (Seminara 2014, 1121).

Innerhalb kurzer Zeit verbreitet sich *Von den Verbrechen und von den Strafen* vor allem im Ausland und wird in zahlreiche Sprachen übertragen. Der Text gilt als äußerst provokativ und gar revolutionär. Beccarias Schrift richtet sich an »wohltätige Monarchen« und fordert eine Abkehr vom strafrechtlichen Despotismus. Der Verfasser wird als »Sozialist« diffamiert (Garlati 2015, 240). Die Zarin von Russland Katharina II. lädt ihn nichtsdestotrotz zu sich ein, um an einer aufgeklärten Gesetzgebung mitzuwirken. Beccaria lehnt jedoch ab. 1791 tritt er einer amtlichen Kommission für ein neues Straf- und Zivilrecht in der Lombardei bei und stirbt rund drei Jahre später (Naucke 2005, XI–XII).

Bei der Lektüre des berüchtigten Essays ist es hilfreich, sich seine Intention zu vergegenwärtigen: In strategischer Absicht wendet sich die Schrift an die Herrschenden im Kontext des Absolutismus und versucht sie davon zu überzeugen, ein äußerst brutales und willkürliches Strafrechtssystem zu reformieren. Als theoretisches Fundament dient dabei die Vertragstheorie, mit der sich Beccaria an die Ideen von Jean-Jacques Rousseau, vor allem aber auch an die Überlegungen von Thomas Hobbes anlehnt. Menschen schließen sich demzufolge zusammen, um dem Krieg aller gegen alle zu entkommen. Sie tauschen einen Teil ihrer eigenen Freiheit gegen die Sicherheit an Leib und Leben ein und treten das Recht zu herrschen und Gerechtigkeit zu üben an den Souverän ab, sofern dieser ihnen ihre Sicherheit garantiert. Um diesen Zustand der sicherheitsverbürgenden Vergesellschaftung aufrechtzuerhalten, darf die Staatsgewalt strafen. Alles, was über dieses Ziel hinausgeht, ist jedoch ungerecht. Gerechtigkeit bildet hier »das notwenige Band, um Einzelinteressen zusammenzuhalten« (Beccaria 2005, II, 11). Je geringer der Teil seiner Freiheit ist, den der Einzelne opfert, und je größer dabei seine Sicherheit, desto gerechter ist demnach ein Gemeinwesen. Mit dieser Formel grenzt Beccaria das, was er als politische Gerechtigkeit bezeichnet, streng von der zu seiner Zeit verbreiteten Vision einer religiös begründeten Gerechtigkeit ab. Während Letztere moralisch bestimmt, was als Sünde und was als gute Tat zu gelten hat, orientiert sich politische Gerechtigkeit daran, was für die Gesellschaft nützlich ist. Die Maxime aller Bestrebungen ist bei Beccaria weltlich begründet – als »das größte Glück verteilt auf die größte Zahl« (ebd., I, 6). Beccaria gilt deshalb als früher Vertreter des Utilitarismus. Für ihn sind diejenigen Maßnahmen gerecht, die das Glück der Menschen maximieren. Um dieses Ziel zu erreichen, bedarf es nicht zuletzt der Bestrafung, die den despotischen Geist des Einzelnen und dessen Begehren nach mehr Besitz in die Schranken weist. Erst durch »fühlbare« Strafen, die sich dem Geist einprägen, seien die menschlichen Leidenschaften zu bremsen (ebd., II, 10–11). Die Strafe hält demnach den Einzelnen von zukünftigen Straftaten ab (Spezialprävention) und wirkt durch Abschreckung zugleich präventiv auf die Gesellschaft (negative Generalprävention) (ebd., XV, 45).

Von Charles de Montesquieu übernimmt Beccaria die Idee der Notwendigkeit der Gewaltenteilung zwischen gesetzgebender (Legislative), richtender (Judikative) und ausführender Gewalt (Exekutive). Dabei will er die Macht der Richter gegenüber der gesetzgebenden Gewalt eingeschränkt sehen. In der Interpretation der Gesetze identifiziert er einen Ort des potenziellen Machtmissbrauchs. So würden Richter, die hohe Geldstrafen verhängen, im Namen des Fiskus handeln und damit der Staat sich selbst in die Tasche wirtschaften. Um solcherlei Erscheinungen der Korruption entgegenzuwirken, soll die Funktion des Richters allein darauf beschränkt werden, das Gesetz nach einem einfachen Syllogismus auszulegen: »[...] der Obersatz muß das allgemeine Gesetz sein; der Untersatz muß die mit dem Gesetz übereinstimmende oder nicht übereinstimmende Handlung sein; der Schluß Freiheit oder Strafe« (Beccaria 2005, IV, 14). Nach diesem Verfahren sei sichergestellt, dass die Strafgesetze überall gleiche und unnachgiebige Anwendung finden. Ein Nachteil, welchen Beccaria nicht diskutiert, besteht freilich darin, dass die strikt formalisierte, verallgemeinerte Anwendung des Gesetzes dem singulären Einzelfall in seiner Spezifizität nicht Rechnung tragen kann. Ihm scheint es wichtiger zu sein, die Kontingenz der Rechtsprechung radikal zu begrenzen.

Eine kluge Architektonik der Gesetze erhöht ihre Wirkmächtigkeit. Um effizient zu wirken und allgemein zugänglich zu sein, müssen die Gesetze klar und allgemein verständlich formuliert werden, dürfen also nicht in einer Sprache verfasst werden, die zwar eine kleine Elite, nicht aber der allgemeine Bürger versteht. Gesetze können zwar nie vollständig verhindern, dass sich Menschen ihnen in gewissen Situationen widersetzen, jedoch vermögen sie es idealerweise, die Balance zwischen Freiheit und Sicherheit so auszutarieren, dass sich die Mehrzahl der Bürger ihnen willentlich fügt. Zudem darf nicht bestraft werden, was nicht gesetzlich untersagt ist. Es muss also allgemein voraussehbar sein und darf keiner Willkür unterliegen, welches Verhalten strafrechtlich sanktioniert wird und welches nicht. Auch in diesem Punkt geht es Beccaria um die Abwehr der Korrumpierung des Rechts als Herrschaftsinstrumentarium.

Die im Gesetz festgeschriebenen Strafen müssen im Verhältnis zu der jeweiligen Tat stehen: »Wer beispielsweise dieselbe Todesstrafe für die Tötung eines Fasanen, für die Ermordung eines Menschen und für die Fälschung eines wichtigen Schriftstücks angedroht sieht, wird keinen Unterschied zwischen diesen Verbrechen machen [...]« (Ebd., XXIII, 70) Das Strafmaß ergibt sich bei Beccaria zudem konsequentialistisch aus den Folgen der Tat für das Gemeinwesen: Richtet sich die Tat gegen eine Privatperson, so könne das Maß der Bestrafung geringer ausfallen, bedroht sie dagegen die Gesellschaft, müsse es dementsprechend härter sein (ebd., XXIII, 71). Ein weiterer Faktor für die Bestimmung der Härte oder Milde der Strafen ist der Grad der Festigkeit einer Nation. Ist sie jung oder droht leicht in Anarchie zu verfallen, dürfen auch die Gesetze strenger sein. Ist das Gemeinwesen gefestigt, so empfiehlt es sich dagegen, die Strafen abzumildern.

Alles, was über den Zweck der Abschreckung hinausgeht, ist Beccaria zufolge tyrannisch. Unnötige Härte verhindert keine weiteren Straftaten, sondern verhärtet das Gemüt des Bestraften. Im Verhältnis zu den damals gängigen Praktiken plädiert Beccaria deshalb für eine Humanisierung der Strafe. Schließlich darf der Mensch nicht, um für andere ein Exempel zu statuieren oder auch um die Machtfülle des Herrschenden zu symbolisieren, zu einem Objekt degradiert werden, wie dies insbesondere bei öffentlich inszenierten brutalen Formen der Folter geschieht.

Was das Verhör betrifft, gehört die Folter als Mittel der Geständniserzwingung nach Beccaria abgeschafft (ebd., XII). Sie ist eine vorweggenommene Bestrafung und widerspricht damit der Unschuldsvermutung gegenüber dem Angeklagten. Zudem sei ein unter Qualen hervorgebrachtes Geständnis unbrauchbar. War man im Mittelalter davon ausgegangen, dass die Folter als Prüfstein zur Wahrheitsfindung dient, nimmt Beccaria dagegen an, die Folter privilegiere allein den Schmerzunempfindlichen mit einem starken Gemüt gegenüber dem Schmerzempfindlichen, der leichter in Angst zu versetzen sei: »Es ist dies ein sicheres Mittel, um die starken Verbrecher freizusprechen und die schwachen Unschuldigen zu verurteilen.« (Ebd., 33) Letztere gestehen ihre Schuld allein deswegen ein, um dem anhaltenden Schmerz der Folterqualen zu entgehen. Erstere, selbst wenn sie schuldig sind, werden dagegen freigesprochen, sofern sie der Folter widerstehen. Insofern ist bei der Folter der Schuldige dem Unschuldigen gegenüber bessergestellt, weil er die Chance hat, seiner eigentlichen Bestrafung zu entgehen, während der Unschuldige präventiv gequält wird und durch das erpresste Geständnis noch weitere Bestrafung erleiden muss. Die Folter ist also ein in sich widersprüchliches Instrument und gehört abgeschafft.

Vor allem bekannt wurde Beccaria jedoch für seine Argumentation gegen die Todesstrafe. Zu seinen Lebzeiten war ein zunehmendes Maß an Grausamkeit bei den Exekutionen zu verzeichnen. Verurteilte wurden beispielsweise am Schwanz eines Pferdes geschleift, körperlich verstümmelt, mit glühenden Eisen malträtiert oder auf das Rad geschnallt. Enthauptungen waren ein Privileg des Adels, und die Einführung der Guillotine zu Zeiten der Französischen Revolution wurde schließlich als sozialer

Fortschritt gefeiert (Garlati 2015, 258). Beccaria findet für die Todesstrafe im Allgemeinen klare Worte: Ihre Vollstreckung komme einem »Krieg der Nation gegen einen Bürger« (Beccaria 2005, XVI, 49) gleich und sei schlichtweg »öffentlicher Mord« (ebd., XVI, 54). Seine Argumentation ist vertragstheoretisch aufgebaut. Erst fragt er den Leser: »Wer hätte jemals anderen Menschen die Befugnis, ihn zu töten, einräumen wollen?« (Ebd., XVI, 46) Seine Antwort lautet: Niemand würde dies tun. Schließlich ist es der Sinn des Gesellschaftsvertrags, den geringsten Teil unserer Freiheit für das Überleben in der Gemeinschaft aufzugeben. Die Verfügungsgewalt über das Leben ist aber gerade die umfassendste Einschränkung unserer Freiheit. Gegen diese Argumentation von Beccaria lässt sich einwenden, dass es durchaus rational sein könnte, nicht dem eigenen Tod, aber einem Strafsystem, welches bei bestimmten Gesetzesübertretungen die Todesstrafe vorsieht, zuzustimmen, sofern dies die einzige Möglichkeit ist, die staatliche Ordnung aufrechtzuerhalten und damit unsere eigene Sicherheit zu garantieren (Primorac 1978, 419). Beccaria bringt noch ein zweites Argument an, dem zufolge der Mensch gar nicht über das Recht verfügt, im Gesellschaftsvertrag sein eigenes Leben aufs Spiel zu setzen. Im 18. Jahrhundert war die Vorstellung weit verbreitet, dass Selbsttötung moralisch nicht zu rechtfertigen ist und allein Gott über das Leben verfügen kann. Entsprechend könne der Mensch sein Leben auch nicht in einen Gesellschaftsvertrag einbringen. Neben diesen zwei kontraktualistischen Argumenten führt Beccaria weitere utilitaristische Erwägungen an, warum es schlicht nutzlos sei, einen Verbrecher zu töten: Schließlich sei die Abschreckung durch einen einzigen, noch so grausamen Moment der Hinrichtung weniger wirksam als die beständige Betrachtung des Leidens eines Verurteilten. Als Alternative zur Todesstrafe schlägt er deshalb die lebenslange Knechtschaft vor: Fesseln, Ketten, Schlagstock, eiserner Käfig und Zwangsarbeit. Letztere sei auch insofern nützlicher, als dass der Schuldige der Gesellschaft durch die geleistete Arbeit etwas zurückgeben könne. Aus heutiger Sicht erscheint dieser Vorschlag kaum einer Verbesserung gleichzukommen und wird von dem Rechtswissenschaftler Wolfgang Naucke deshalb auch als »säkularisierte Hölle« bezeichnet (Naucke 2005, XXVI). Beccaria verteidigte sich gegen diese von ihm bereits antizipierte Kritik mit dem Argument, dass der Schrecken vornehmlich beim Betrachter entstehe, der dem Unglück des anderen in nicht endender Folge zusieht. Der Gemarterte selbst verhärte im Gemüt; er lebe aufgrund seines Schmerzes allein im Augenblick und finde »Entschädigungen und Tröstungen, von denen die Zuschauer nichts wissen und die sie nicht für möglich halten« (Beccaria 2005, XVI, 52).

Ausnahmen vom generellen Verbot der Todesstrafe sind für Beccaria nur dann legitim, wenn durch das Weiterleben des Verbrechers das Gemeinwesen bedroht wird: in jenem Fall etwa, in dem die internierte Person eine solche Machtfülle besitzt, dass eine Gefahr für die Sicherheit der Nation von ihr ausgeht, oder wenn die Tötung eines Verbrechers das einzige Mittel darstellt, andere vom Begehen weiterer Verbrechen abzuhalten. Die Todesstrafe dürfe also nur in solchen Ausnahmefällen eingesetzt werden, in denen kein anderes Mittel zur Verfügung stehe, um einen Zerfall des Gemeinwesens in Anarchie zu verhindern. In Zeiten, in denen eine Nation sehr gefestigt ist, rückt ihre Notwendigkeit indes in weite Ferne.

Der Vollzug der Strafe muss rasch nach dem Verbrechen folgen, sodass die Untat im öffentlichen Bewusstsein auch hinreichend mit der Strafe verknüpft wird (ebd., XIX). Ziel der Strafe ist es schließlich, die Tat unattraktiv erscheinen zu lassen, weil letztlich durch sie kein Vorteil gewonnen werden kann. Diejenigen Strafen, die zwar milde sind, aber mit großer Wahrscheinlichkeit auf Taten folgen, sind für die Bürger weitaus einprägsamer als vereinzelte brutale Formen der öffentlichen Sanktionierung.

Die von Beccaria geforderte Unverbrüchlichkeit der Gesetze wendet sich gegen jegliche Form der Straflosigkeit. Das gilt auch dann, wenn das Opfer dem Täter bereits verziehen hat. Schließlich wird auch das Gemeinwesen durch das Verbrechen angegriffen, und ein Einzelner kann nicht im Namen des Gesetzes verzeihen. Ähnlich hält es Beccaria mit der Gnade (ebd., XX). Diese diene in einem willkürlichen Rechtssystem dazu, die Widersprüchlichkeit und Grausamkeit der Gerichtsurteile abzumildern. Zudem soll sie die Herrschaftsfülle des Souveräns verdeutlichen. Sei der Gesetzgeber jedoch bereits »mild, duldsam und menschlich« (ebd., 65), so werde sie obsolet. Unter solchen Umständen bewirkt die Begnadigung durch die Richter eher »gewaltsame Verletzungen als Hervorbringung der Gerechtigkeit« (ebd.). Sie nährt den Glauben der Bürger, sie könnten ihrer gerechten Bestrafung entgehen, und ist damit nicht nur ungerecht, sondern auch wenig nützlich.

Schließlich sollte das Strafrecht keine Klasse von Menschen gegenüber einer anderen bevorzugen, sondern für alle gleich gelten. Gesellschaftspolitisch, so argumentiert Beccaria abschließend, bedürfe es der Bildung »freier« und »tugendhafter« Menschen – und ganz im Sinne der Aufklärung, der Vervollkommnung des Menschen durch die Erziehung –, um Verbrechen zu verhindern (ebd., XLI). Tugendhafte Erziehung ist demnach die beste Form der Verbrechensprävention (positive Generalprävention). Zudem, so rät Beccaria den politischen Repräsentanten des Gemeinwesens, kann vorausschauend überlegt werden, ob die Strafe das einzige Mittel ist, um Normen zu stabilisieren. Stattdessen könnten sie auch diejenigen belohnen, die besonders tugendhaft handeln. Dies sei ein Weg, der bisher von keiner

Nation beschritten worden sei, obgleich er eine vielversprechende Alternative zu einer einseitigen Politik des Strafens darstelle.

Beccarias Essay über die Verbrechen und die Strafen kann als ein kriminalpolitisches Manifest gelesen werden, welches die grausamen, religiös begründeten mittelalterlichen Strafen durch ein säkulares und humanes Strafrecht ersetzt sehen will (Ambos 2010, 504). Das Verbrechen gilt von nun an nicht mehr primär als Sünde, sondern als ein sozialschädliches Verhalten. Beccaria verbindet in seiner rhetorisch raffinierten Argumentation vertragstheoretische und humanistische mit utilitaristischen Argumenten. Für manche Interpreten entstehen durch diesen philosophischen Begründungspluralismus jedoch Widersprüche: Der humanistische Geist werde durch die Orientierung an den pragmatischen Zwecken des jeweiligen Strafsystems unterlaufen. So können sich beispielsweise grausame Strafen potenziell als wirkmächtig erweisen. Dann sind sie aber weder human, noch stärken sie notwendigerweise das Gemeinwesen. Zudem, argumentiert Naucke (2005), hätten präventive Theorien der Strafe auf lange Sicht eher zu einer Brutalisierung als zu einer Abmilderung der Strafen geführt. Ob diese historische Entwicklung tatsächlich Präventionstheoretikern wie Beccaria anzulasten ist, lässt sich heute jedoch kaum nachprüfen. Viele seiner Forderungen erscheinen mittlerweile wenig revolutionär, eben weil sie in den meisten Rechtssystemen unserer Zeit fest verankert sind. Für das 18. Jahrhundert hat Beccaria mithilfe der Gebrüder Verri jedoch wichtige systematische Prinzipien entwickelt, nach denen sich ein aufgeklärtes Strafrecht richten sollte. Er entfachte eine Debatte über die Legitimität grausamer Bestrafung, der Folter und der Todesstrafe und bewirkte noch zu seinen Lebzeiten wichtige Reformen.

1.1.2 Der Nutzen für die Gesellschaft als Ziel und Maßstab der Strafe (Bentham)

Der Jurist und Philosoph Jeremy Bentham war ebenfalls stark durch die Thesen der Aufklärung geprägt und gilt als einer der Begründer des Utilitarismus. Er kannte und schätzte Cesare Beccarias Schrift (2005) als eine klare Positionierung, die nicht allein bei der Beschreibung des Vorhandenen stehen blieb, sondern auf der Basis klarer Prinzipien eine systematische Kritik an der bisherigen Strafpraxis übte. Zugleich wollte er Beccarias Theorie radikalisieren, indem er dessen Begründungsmodell vereinfachte, durch die Zuspitzung auf eine Rechtfertigungsstrategie höhere Kohärenz schuf und dessen Umsetzung operationalisierbar werden ließ. Beccaria selbst empfand es als müßig, die Folgen seiner Straftheorie bis ins letzte Detail auszuformulieren. Bentham dagegen hatte Freude an einer solchen minutiösen Detailstudie und lieferte eine komplexe Theorie der Bestrafung auf der Basis der Proportionalität (Hart 2001).

Bentham übernimmt Beccarias Formulierung, dass das Ziel der Politik im größten Glück, verteilt auf die größte Zahl an Menschen, bestehen sollte. Er greift zudem dessen Kritik an einem System auf, in welchem der Richterschaft zu viele Freiräume gelassen werden. Allerdings artikuliert er dieses Unbehagen innerhalb der britischen Common-Law-Tradition, in der sich Recht aus der jeweiligen Rechtsprechung heraus (in Form von Präzedenzfällen) entwickelt. Anders als Beccaria schließt er mit seiner Kritik weder an humanistische Empfindungen noch an die Vertragstheorie an. Dieses Sammelsurium an Begründungsebenen sei für ihn als juristisch denkenden Menschen nicht einleuchtend. Was Bentham allein interessiert, ist die simple Formel der »*utility*«, des Nutzens einer Handlung für die Gesellschaft. Er differenziert dabei zwischen Empfindungen der Lust (*pleasures*) und des Schmerzes (*pains*), die durch eine Handlung stimuliert werden. Das größte Glück besteht demnach in der Maximierung der Lust und der Minimierung der Unlust. Das Ziel liegt für ihn darin, das Strafsystem so zu modifizieren, dass es möglichst nützlich für die Gesellschaft im Ganzen ist, indem es Sicherheit schafft und dadurch die Menschen in möglichst großer Zahl glücklich macht.

Benthams ursprüngliche Intention war es, ein Werk mit dem Titel *Theorie der Strafe* vorzulegen. Dieses Buch wurde jedoch nie fertiggestellt. Einige seiner Überlegungen zu dieser Thematik finden sich in *An Introduction to the Principles of Moral and Legislation* aus dem Jahr 1789. Eine weitere Quelle ist die Textsammlung, die Étienne Dumont, ein Freund Benthams, auf der Basis von Manuskripten aus dem Zeitraum von ungefähr 1774 bis 1776 auf Französisch unter dem Titel *Théorie des peines et des récompenses* zusammenstellte und welche 1811 erschien. Schließlich widmete sich auch Richard Smith, ein Schüler von Bentham, dessen Manuskripten und legte eine weitere Edition auf der Basis von Dumonts Ausgabe und bis dahin unveröffentlichter Skripte unter dem Titel *The Rationale for Punishment* (1830) vor. Es ist jedoch nicht sicher, ob Bentham diese Veröffentlichung je selbständig geprüft hat (Bedau 2004). Bekannt geworden sind zudem Benthams Briefe über das Panoptikon aus dem Jahr 1787 (veröffentlicht 1791). Sie handeln von einem neuartigen Typus des Gefängnisbaus, der kostengünstig die Überwachung der Gefängnisinsassen ermöglichen und deren Arbeitskraft wirtschaftlich nutzbar machen sollte, worauf wir in einem gesonderten Exkurs eingehen werden, der sich mit der Operationalisierung von Benthams Ideen befasst.

Die Strafe als Sanktion im politischen Kontext unterscheidet sich zunächst von Sanktionen im Bereich der Moral oder der Religion. Sie muss klar kalkuliert werden, und ihr Ziel ist es, das menschliche Handeln so zu beeinflussen, dass möglichst wenig Schaden verursacht wird. Verbrechen sind Bentham zufolge diejenigen Handlungen, die mehr Übel als Gutes zur Folge haben. Sie verdienen daher eine Bestrafung (Bentham 1833, Kap. 11, 75). Dabei darf die Strafe wiederum nicht mehr Übel produzieren, als durch dasjenige geschehen ist, worauf sie reagiert. Im Hinblick auf den Schaden, den eine Handlung produziert, ist des Weiteren wie folgt zu differenzieren: Eine Handlung kann auf einer Ebene der ersten Ordnung zwischen ihrem Urheber und der betroffenen Person Schaden anrichten oder aber in einer Dimension zweiter Ordnung mit Blick auf die Gesellschaft oder auf einer Ebene dritter Ordnung in Hinsicht auf ihre dauerhaften Konsequenzen, wenn sie unsanktioniert bliebe. Bentham wählt zur Plausibilisierung ein Beispiel: Wenn ein armer Mann in einem reichen Haushalt für seine Familie aus Hunger einen Laib Brot entwendet, so richtet diese Handlung auf der ersten, interpersonalen Ebene kaum Schaden an. Bliebe dieses Ereignis jedoch langfristig ungestraft (dritte Ordnung), so könnten daraus für die Gesamtgesellschaft – und damit auch für den »armen Mann« – Zustände von Angst und Schrecken entstehen, da sich niemand mehr seines Eigentums sicher sein könnte. Deswegen sind die Folgen dieser Handlung auf einer gesamtgesellschaftlichen Ebene bedeutsamer (zweite Ordnung) als auf einer interpersonalen Ebene (erste Ordnung), und die Handlung muss als Verbrechen eingestuft und demzufolge bestraft werden. Zwar schafft das Recht (in diesem singulären Fall) selbst ein Übel – weil es einen hungernden Menschen zusätzlich zu dessen bereits bestehenden Leiden auch noch bestraft –, dieses Übel sei jedoch geringer als dasjenige, das sich einstellen würde, wenn aufgrund der Destabilisierung einer Gesellschaft ihre Produktivität sinkt oder sie gar in Anarchie verfällt.

Das Ziel der Strafen liegt für Bentham in der Prävention von Verbrechen, denn wenn eine Nation in Sicherheit lebe, so prosperiere sie und befördere das Glück ihrer Mitglieder (Draper 2009, 3). Die Prävention sorgt einerseits dafür, den Delinquenten davon abzuhalten, weitere Verbrechen zu begehen (Spezialprävention), und andererseits für die Abschreckung weiterer Gesellschaftsmitglieder, vergleichbare Verbrechen zu verüben (Generalprävention, Bentham 2009, III, 61). Wenn ein Verbrechen schon nicht verhindert werden kann, so muss zumindest sichergestellt werden, dass ein potenzieller Verbrecher zwischen zwei möglichen Handlungen diejenige wählt, welche weniger Schaden anrichtet, und dass er bei der Ausführung seiner Handlungen so wenig Schaden wie möglich verursacht. Weitere Strafziele sind diejenigen der Besserung des Täters und der Kompensation des Schadens.

Bentham geht davon aus, dass Menschen ihre Handlungen stets rational vorauskalkulieren. Manche täten dies mit mehr Gewissenhaftigkeit, andere mit weniger (Bentham 1970, XIV/28, 173). Einige hätten ein eher kühles Temperament, andere seien stärker von ihren unmittelbaren Bedürfnissen getrieben. Doch selbst ein Geisteskranker kalkuliere sein Handeln bis zu einem gewissen Grad, indem er beispielweise zu vermeiden versuche, eine Zwangsjacke umgebunden zu bekommen. Jeder Mensch wägt also seine Handlungen auf der Basis ihrer Konsequenzen ab. Das Ziel eines sorgfältig durchkalkulierten Strafsystems liegt nun darin, das menschliche Handeln so zu lenken, dass möglichst wenig Schaden für eine Gesellschaft entsteht. Dies geschieht dadurch, dass die Strafen exakt so bemessen werden, dass sie einerseits den Profit, der sich durch eine strafbare Handlung ergibt, überwiegen, dabei aber andererseits so sparsam wie möglich ausfallen, um ihr Ziel zu erreichen. Profit entsteht für Bentham dann – und an dieser Stelle zitiert er Beccaria –, wenn der Täter oder die Täterin sich durch ihre Handlung einen Vorteil oder eine besondere Lust verschafft. Die zu erwartende Strafe muss demnach den kalkulierten Profit überwiegen, sodass Menschen im Vorhinein davon abgehalten werden, Straftaten überhaupt erst zu begehen.

Je höher die Versuchung ist, eine Straftat zu begehen, desto höher muss demnach auch die entsprechende Strafe ausfallen. Kehren wir zum Beispiel des armen Mannes zurück, der für seine Familie Brot entwendet: Der in den meisten von uns verankerte humanistische Impuls würde dafür sprechen, diese Tat gar nicht oder sehr milde zu bestrafen. Bentham besteht aber darauf, dass wir der Gesellschaft Schaden antun würden, würden wir selbst solche evidenten Versuchungen ungestraft lassen. Denn wenn wir eine sehr milde Strafe veranschlagen, so sei diese aller Voraussicht nach ineffizient und letztlich als solche überflüssig. Der arme Mann würde in diesem Fall bestraft, ohne dass daraus ein Nutzen für die Gesellschaft entstehe. Deshalb sollten wir trotz gegenteiliger humanistischer Impulse der größeren Versuchung zu einer Straftat entsprechend rigoroser begegnen. Strafmildernd könne dagegen wirken, dass die Einstellung des armen Diebs vermutlich weniger verdorben ist als die eines reichen Mannes, der die gleiche Tat begeht.

Statt allein die Tat zu rächen, welche einer Person nachgewiesen werden kann, sieht Bentham zudem vor, Verbrechen, die weniger leicht aufzudecken sind, härter zu bestrafen: Selbst wenn ein Täter nur aufgrund einer einmaligen Tat überführt werde, so muss er doch härter bestraft werden, sofern die Vermutung besteht, dass er sie gewohnheitsmäßig durchgeführt hat. Ein Beispiel hierfür ist die Geldfälschung, bei welcher der reale Profit wahrscheinlich höher ausfällt als der nachzuweisende (ebd., XIV/17, 170).

Zudem müssen Strafen miteinander vergleichbar sein. Durch das Strafgesetz soll deutlich werden, dass eine Tat, die größeren gesellschaftlichen Schaden verursacht, auch eine entsprechend härtere Strafe nach sich zieht. Dafür müssen Strafen messbar sein, um jeweils in unterschiedlichen Abstufungen Anwendung finden zu können. Vorzuziehen sind dabei diejenigen Strafen, die möglichst in klarer Analogie zu der Straftat stehen und somit zu ihr in Beziehung gesetzt werden können, so wie es das Talionsprinzip fordert (ebd., XV/7–8, 178; vgl. Exkurs Talionsprinzip). Die Strafe soll dabei größer scheinen, als sie tatsächlich ausfällt: Sie statuiert öffentlich ein Exempel und operiert dem oder der Verurteilten gegenüber zugleich so sparsam wie möglich (ebd. IV/13, 180). Das Ziel der Besserung des Täters wird dadurch erreicht, dass die Strafe den Motiven der Tat entgegengewirkt: Beispielweise soll Raub, der auf Trägheit und finanziellem Interesse basiert, mit Zwangsarbeit entgegengewirkt werden (ebd., XV/17, 181). Fraglich bleibt dabei indes, wie in Benthams Modell die »tatsächlichen Motive« für das Gericht überhaupt identifizierbar sein sollen.

Anders als bei Beccaria liegt Benthams Argumentationsstrategie nicht darin aufzuzeigen, dass das mittelalterliche Strafsystem inhuman war und die Würde des Menschen verletzte. Er argumentiert bewusst nicht moralisch, sondern zweckorientiert rational und weist mit den Mitteln der Berechnung eines Schadens oder Nutzens für die Gesellschaft darauf hin, dass die meisten Strafen schlicht unnütz seien und das Ziel der Bestrafung, nämlich Sicherheit und Glück der Gesellschaftsteilnehmer, mit sparsamerem Aufwand erfüllen könnten. Konkret umsetzen möchte Bentham sein straftheoretisches Modell mittels einer besonderen Gefängnisarchitektur und einer umfassenden Ökonomisierung des Vollzugs. Sein Modell des Panoptikons ist gerade in jüngerer Zeit im Rahmen der Debatten über Disziplinierung, soziale Kontrolle und die wirtschaftliche Durchdringung strafrechtlicher Institutionen zu einem Sinnbild zeitgenössischen Strafens geworden.

Exkurs: Das Panoptikon. Die Ökonomisierung des Vollzugs

Zu Benthams Lebzeiten sah das Strafrecht in England drakonische Strafen vor, und in Londons Gefängnissen herrschten grausame Zustände. Bereits für kleinere Vergehen erwartete Menschen der Galgen. Schon während der Untersuchungshaft verendeten die Inhaftierten mitunter an Krankheiten wie Typhus und Ruhr. Auch wurden Häftlinge massenhaft in die Kolonien verschifft und starben dort nach oft lebenslanger Zwangsarbeit (Hofbauer 2013, 184–188).

Im Jahr 1780 versammelten sich Angehörige der unteren Klassen (darunter Migranten, Arbeiter und Frauen) in London, rebellierten gegen die Repräsentanten der Justiz und kämpften für die Befreiung der Gefängnisinsassen. Mit dem Slogan »Kein Besitz« marschierten sie durch die Stadt und steckten die Haftanstalt Newgate in Brand. Bentham beobachtete das Treiben und beteiligte sich selbst an einer der Bürgerwehren, um die staatliche Ordnung wiederherzustellen (ebd.).

Bereits in den 1770er Jahren hatte es in England Diskussionen über die Reform der Gefängnisse gegeben. Im Jahr 1785 besuchte Jeremy Bentham seinen Bruder Samuel Bentham in Weißrussland, wo dieser als Ingenieur für den Fürsten Potemkin tätig war. Er beobachtete, wie sein Bruder die Hilfskräfte für den Bau von Schiffen kreisförmig anordnete und ein nicht einsehbares Aussichtsplateau installierte, von dem aus er die Arbeitenden beobachten und instruieren konnte (Welzbacher 2013, 196). Jeremy Bentham stellte nun Überlegungen an, wie sich mithilfe eines architektonischen Modells auf der Basis dieses panoptischen Prinzips gesellschaftliche Probleme in verschiedensten Teilbereichen lösen ließen: im Gefängnis, im Krankenhaus, in der Schule, im Arbeitshaus und in der Psychiatrie. Er selbst träumte davon, zukünftig Leiter einer solchen reformierten Gefängnisanstalt zu werden. Das Ziel seines Gefängnismodells bestand darin, eine effiziente, gut kontrollierbare und sichere Haftanstalt zu schaffen, die wirtschaftlich rentabel sein sollte und die Missstände in den aktuellen Haftanstalten Englands zu beseitigen vermochte. Der übersichtliche Bau würde dabei einerseits die hygienischen Bedingungen der Haft verbessern, Missbrauch durch das Personal verhindern und zur Besserung der Inhaftierten durch Einzelhaft, beständige Arbeit und religiöse Zusprache beitragen. Andererseits dient das Gefängnis in der Bentham'schen Vision dazu, die Arbeitskraft der Gefängnisinsassen möglichst effizient auszubeuten, um dadurch die durch die Internierung verursachten Kosten zu minimieren und sogar noch einen Profit für den Gefängnisbetreiber zu erwirtschaften.

Bentham entwirft diesen Gefängnisbau in einer Serie von Briefen aus dem Jahr 1787. Das Panoptikon ist ein kreisförmiges Gebäude mit einer Aufseherloge in seinem Zentrum (Bentham 2013). Die Zellen befinden sich dagegen an den Rändern, mit Fenstern nach außen, die einen erhöhten Lichteinfall ermöglichen, und eisernen Gittern nach innen, um Einblick in die Zellen zu gewähren. Zwischen der Aufseherloge und den Zellen befindet sich ein Zwischenbereich, den er Ringzone nennt. Die Zellen sind voneinander durch Wände getrennt, um die Kommunikation zwischen den Insassen zu verhindern. In der Aufseherloge wohnt der Inspektor samt seiner Familie. Von diesem Kontrollpunkt aus kann er alle Insassen beobachten, ohne dabei selbst beobachtet zu werden. Wenn seine Familienmitglieder sich langweilten, so das Kalkül von Bentham, könnten sie sich mangels anderer Ablenkung mit der Beobachtung der Inhaftierten zerstreuen. Im Resultat fühlen sich die Gefangenen beständig überwacht, selbst wenn sie zwischenzeitlich gar nicht überwacht werden.

Die Kommunikation zwischen dem Aufseher und den Insassen vollzieht sich über Zinnblechrohre, die quer durch das Gebäude verlaufen und selbst Flüstergeräusche übertragen können. Beheizt werden die einzelnen Zellen mit Kaminrohren und verfügen zudem über einen Wasseranschluss, sodass die Gefangenen in ihrer Zelle auch den Toilettengang verrichten können. Dies verringert nach Benthams Überlegung die Fluchtgefahr erheblich und spart Personal, das sich sonst um derlei Angelegenheiten kümmern müsste.

Der Aufseher überwacht in Benthams Anordnung nicht nur die Gefängnisinsassen, sondern zugleich auch das Personal, um Machtmissbrauch und die Verwahrlosung der Anstaltsordnung zu verhindern. Gleichermaßen hat auch die Öffentlichkeit Zugang zum Gefängnis und kann sich selbst ein Bild von den Zuständen machen. Die Kontrolleure werden auf diese Weise wiederum durch das Publikum kontrolliert. Ähnlich verhält es sich mit Richtern und Aufsichtsbeamten, die durch den Zutritt zu der Loge Einblick bis in den hintersten Winkel des Gefängnisses erhalten. Auch der Pfarrer hat es nun leichter, seine Andacht zu halten. Die Gefangenen müssen nicht mehr durch Korridore in eine Kapelle geführt werden, sondern können von ihrer Zelle aus die Messe empfangen.

Im Gefängnis haben die Insassen die Möglichkeit, einem zusätzlichen Lohnerwerb nachzugehen. Dies soll für sie dadurch attraktiv gemacht werden, dass sie als Nahrungsmittel nur Wasser und Brot erhalten. Durch die Entlohnung der Gefängnisarbeit können die Inhaftierten Lebensmittel und andere für sie sonst unerreichbare Produkte erlangen. Die Gefängnisse werden als privat geführte Betriebe durch einen Gefängnisleiter auf der Basis eines Vertrags auf Lebenszeit bewirtschaftet. Der Vertragsnehmer muss selbständig die Kosten für die Unterhaltung des Gefängnisses tragen und erwirtschaften und der Öffentlichkeit Rechenschaft darüber geben. Die Wirtschaftlichkeit ergibt sich dadurch, dass der Gefängnisbetreiber die Insassen für einen niedrigen Lohn in einem gewinnbringenden Sektor beschäftigt und den Betrieb sparsam leitet. Als Vertragsnehmer hat er ein Monopol über die Arbeitskraft der Inhaftierten, die folglich keine Wahl bezüglich ihres Arbeitgebers haben. Jedoch darf der Vertragsnehmer die Insassen weder hungern lassen noch körperlich züchtigen. Für jeden toten Gefangenen muss er, so schlägt Bentham vor, eine Geldstrafe von etwa zehn bis zwanzig Pfund an die Regierung errichten – was ihn anspornen wird, die Gefängnisinsassen am Leben zu erhalten. Sogar nach ihrer Entlassung, so spekuliert Bentham, profitiert der Betreiber von ihnen: Schließlich sei es für die ehemaligen Gefangenen aufgrund des Stigmas ihrer Vergangenheit schwierig, eine Anstellung zu finden. Sie könnten dann weiterhin für den Gefängnisbetreiber arbeiten, und zwar mangels Alternativen zu einem niedrigeren Lohn als üblich, aber mit größerem Leistungspotenzial als unter den Bedingungen der Inhaftierung.

Bentham scheint davon überzeugt, dass sich durch diese Maßnahmen die Situation für alle verbessern würde: Die Gefängnisinsassen müssten nicht mehr an Ketten gebunden in feuchten Zellen verelenden und seien nicht mehr der Schinderei eines willkürlichen Personals ausgeliefert. Die Todesrate würde sich durch die gesetzten Anreize schnell verringern und auch nach ihrer Entlassung hätten die Gefangenen ein Auskommen. Sie würden durch soziale Isolierung von anderen Straftätern, durch stetige Routine und religiöse Ansprache gebessert. Für die Gesellschaft hingegen stünden billige Arbeitskräfte bereit, Delinquenten würden nachhaltig diszipliniert und die allgemeine Sicherheit erhöht. Bentham warb für sein Modell bei den verschiedensten Regierungen in Europa und erhielt 1794 durch die Londoner Regierung tatsächlich den Auftrag, ein Zentralgefängnis zu bauen. Es wurde zu einem Mammutprojekt, das erst 1821 fertiggestellt wurde und eine halbe Million Pfund verschlang. Bentham kritisierte die Umsetzung seiner Idee, konnte selbst aber ein horrendes Honorar bei der Londoner Regierung erstreiten.

Unter anderem in Kuba und in Berlin (Moabit) sind Gefängnisse nach dem Modell von Bentham realisiert worden. In Kuba diente der Bau aller Wahrscheinlichkeit nach auch der Inhaftierung politischer Oppositioneller. Das panoptische Modell wurde in zahlreichen Staaten umgesetzt und diente zudem als Muster bei der Errichtung von Hospitälern.

Dass die Privatisierung von Gefängnissen jedoch tatsächlich kosteneffizient ist und die Lage ihrer Insassen hinsichtlich ihrer Resozialisierung verbessert, muss heute mit Blick auf neoliberale Länder mit einem punitiven Trend wie beispielsweise die USA weitaus skeptischer eingeschätzt werden, als es Bentham beim Entwurf seines Modells möglich war (Hofbauer 2013, 192; Wacquant 2000). In den Vereinigten Staaten hat die Privatisierung zu einer Gefängnisindustrie geführt, in der die Insassen massenweise mehr verwahrt als resozialisiert werden (Davis 2001). Die Gefängnispopulation hat sich in den vergangenen Jahren drastisch erhöht und die Eingliederung ehemaliger Inhaftierter als äußerst schwierig erwiesen. Auch die Beschäftigung von Gefängnisinsassen zu Niedriglöhnen in unqualifizierten Bereichen muss wohl eher als effiziente Ausbeutung ihrer Arbeitskraft denn als nachhaltiges Resozialisierungsmodell gewertet werden (vgl. Kap. 4.3). Im Rückblick, so resümiert der Kunsthistoriker und Herausgeber der deutschen Fassung der Panoptikon-Briefe Christian Welzbacher, ist das Panoptikon ein »Meisterstück angewandter, in ihrer Anwendung gescheiterter Philosophie der Aufklärung« (Welzbacher 2013, 212), das seinen reformerischen Impuls eingebüßt und das Prinzip der Überwachung zum Selbstzweck habe degenerieren lassen.

1.2 Gerechtigkeit und Strafe – absolute Begründungen der Strafe

Immanuel Kant gilt wie auch G.W.F. Hegel als ein Vertreter der vergeltungstheoretischen (retributiven) Rechtfertigung von Strafe. Vergeltung hat etymologisch die gleiche Wurzel wie »Geld« und bezeichnet die Rückzahlung eines Entgelts im Rahmen eines getätigten Handels (Höffe 1999, 214). Retributive Straftheorien verorten Sinn und Zweck der Strafe in der rückwirkenden Reaktion auf eine in der Vergangenheit liegende Handlung (Mohr 2009, 271). Dies allein reicht vielen Strafrechtstheoretikern heute als tragfähige Begründung des staatlichen Strafmonopols allerdings nicht mehr aus. Der Jurist und Politiker Ulrich Klug forderte daher bereits 1968 programmatisch den »Abschied von Kant und Hegel« (Klug 1981) und deren »irrationalen gedankenlyrischen Exzessen« (ebd., 280) in dieser Frage. Zugleich haben vergeltungstheoretische Ansätze als gerechtigkeitsorientiertes Korrektiv zu rein zweckorientierten Präventionstheorien nicht an Aktualität verloren.

Kant war daran gelegen, eine Strafrechtstheorie zu entwickeln, die sich vernünftig begründen lässt, Strafe an den Erfordernissen der Gerechtigkeit orientiert und sich – in Abgrenzung zu den Präventionstheoretikern – nicht von pragmatischen Erwägungen, beispielsweise Fragen der Sicherheit oder der Effizienz als Leitplanken der Straftheorie, korrumpieren lässt. Ziel der kantischen Straftheorie ist es dagegen, Kriterien der Gleichheit, der Allgemeinheit und der Angemessenheit in der Straftheorie zu verankern. Dabei treffen viele seiner Argumente – wie das strikte Eintreten für die Todesstrafe und gegen die Begnadigung – aus heutiger Sicht auf Unbehagen. Nicht zuletzt deswegen sind Kants Ausführungen zur Strafe in der Gesamtrezeption seines Werks eher vernachlässigt worden. So lassen sich an seiner Straftheorie die mangelnde Rechtfertigungskraft und Inkongruenzen zwischen seiner Rechts- und Moralphilosophie sowie ein antiquierter moralischer Rigorismus kritisieren, der argumentativ einseitig erscheint und Aspekte wie jenen der Besserung vernachlässigt. G.W.F. Hegel bestimmt in seinen *Grundlinien der Philosophie des Rechts* (1821) den primären Sinn und die Funktion der Strafe darin, ein allgemeines Recht, dessen Geltung durch die Straftat infrage gestellt wurde, wiederherzustellen. Kants Straftheorie ermangele einer philosophischen Bestimmung des Grundes für die Vergeltung. Diese Begründung möchte Hegel mit seinem rechtsphilosophischen Ansatz leisten.

Beide Denker berufen sich in der Frage nach einem gerechten Strafmaß auf das Talionsprinzip, dem zufolge Gleiches mit Gleichem vergolten werden soll. Sie interpretieren es jedoch jeweils unterschiedlich. Vorangestellt sei daher ein Exkurs zu den Ursprüngen dieses Prinzips im Altertum und in den Weltreligionen.

Exkurs: Die historischen Ursprünge des Talionsprinzips

Das sogenannte *ius talionis* oder *lex talionis* wird für gewöhnlich als alttestamentarisches Prinzip bestimmt, nach dem – gemäß dem Satz »Auge für Auge, Zahn für Zahn« – Gleiches mit Gleichem zu vergelten ist. *Talio* ist lateinisch und meint Vergeltung eines am Körper erlittenen Schadens. Das strikte Talionsrecht bezog sich historisch auf Körperverletzungen und Mord und sollte durch die Begrenzung des Strafmaßes der zügellosen Blutrache zwischen Familien oder politischen Gemeinschaften Einhalt gebieten. Seine soziale Funktion lag zudem darin begründet, der willkürlichen und unmäßigen Bestrafung durch einen Herrscher mittels der Festlegung auf ein universelles Strafmaß entgegenzuwirken. Dass das Talionsprinzip historisch wörtlich im Sinne der gleichen Zufügung desselben Schmerzes ausgelegt wurde, also dass ein beschädigtes Auge tatsächlich durch die Verletzung eines anderen Auges gesühnt werden sollte, wurde von Interpreten immer wieder kritisch infrage gestellt.

Das Rechtsprinzip der Talion reicht in seinen historischen Quellen jedoch noch weit hinter das Alte Testament zurück. Die erste schriftliche Überlieferung findet sich in dem *Kodex Urnamma* (CU) aus Mesopotamien, etwa 2100 v. u. Z., in dem es bereits heißt: »Wenn jemand mordet, / wird dieser Mensch getötet werden« (Wilcke 2002, 311). Im *Kodex Urnamma* werden jedoch auch andere Vergehen wie Vergewaltigung, Diebstahl und Beleidigung aufgeführt, die durch verschiedene Strafformen, unter anderem die Bezahlung in Silber, beglichen werden können. In dem etwas späteren *Kodex Ešnunna* (ca. 1920 v. u. Z.) und dem *Kodex Hammurapi* (ca. 1750 v. u. Z.) werden einzelne Körperverletzungen systematisch aufgelistet und jeweils mit einem Strafmaß versehen: Das Abbeißen einer Nase kostet im *Kodex Ešnunna* beispielsweise eine Mine Silber, das Brechen eines Fußes wurde mit einer Ausgleichszahlung von einer halben Mine an das Opfer gesühnt (CE § 42, CH § 45, vgl. Otto 1996, 231). Diese frühe Spezifikation von Ersatzleistungen widerspricht dem Mythos einer progressiven Entwicklungsgeschichte des Rechts, der zufolge unbegrenzte Rache im Laufe der Geschichte erst vom Talionsrecht als strikte Wiedervergeltung, dann von der zivilrechtlichen Ersatzleistung und schließlich durch das staatliche Strafrecht abgelöst wurde. Vielmehr koexistierte bereits im Altertum die Ersatzleistung in Form der Bezahlung durch Silber mit der Blutrache. Die Verstümmelung des Körpers galt unter anderem als alternative Strafe für jene Täter, welche eine Geldstrafe nicht zu bezahlen in der Lage waren.

Der babylonische König Hammurapi (1792 bis 1750 v. u. Z.) spezifizierte in seinem Gesetzesbuch, dass die Wiedervergeltung nur zwischen Standesgleichen angewendet werden müsse – die Verletzung oder Tötung eines Sklaven sei weniger gravierend zu ahnden. Der *Kodex Hammurapi* kann daher ebenso als ein Text bewertet werden, der die führende Schicht gegen vergeltende Körperstrafen durch die unteren Schichten schützen sollte (Otto 1996, 225; Miller 2006, 21). Ähnliches findet sich auch im hebräischen *Tanach* bzw. im Alten Testament, in dem das Talionsrecht je nach Standeszugehörigkeit verschieden ausgelegt wurde.

Die bekannte Formel »Auge für Auge, Zahn für Zahn, Hand für Hand, Fuß für Fuß« ist in den fünf Büchern des Moses festgeschrieben (Ex 21,24; Lev 24,17–20; Dtn 19,21). Sie wird mit Bezug auf einen Fall eingeführt, in dem Männer miteinander raufen und dabei eine schwangere Frau tödlich verletzen. In diesem Fall gilt »Leben für Leben«. Damit wird die Wiedervergeltung auch auf Frauen ausgedehnt. Verletzt der Herr jedoch einen Sklaven, indem er ihn beispielsweise körperlich schwer misshandelt, so muss er ihn lediglich freilassen. Die Logik hinter dieser Regel besteht darin, dass bei einer strikten wiedervergeltenden Verletzung am Herrn der Sklave zukünftig einer noch größeren Tyrannei ausgeliefert sei. Daher sei es besser für ihn, wenn er freigelassen werde, als Blutrache auszuführen. Dies bildet den progressiven Kern dieser Regeln, die auch Sklaven und Frauen in ihren jeweils spezifischen Interessen berücksichtigen sollten. Dennoch ist festzuhalten, dass auch hier das Talionsrecht nicht für alle gleich galt und soziale Statusunterschiede fortschrieb.

Für Mord (Ex 21,12), bei falscher Anklage wegen Mord (Dtn 19,16–21) und bei Gotteslästerung (Lev 24,16) sah das alttestamentarische Talionsrecht die Todesstrafe vor, weil Menschenleben gegen nichts aufzuwerten seien und sich Mord wie auch Gotteslästerung direkt gegen Gott/JHWE selber wendeten (Gen 9,6; Otto 1996, 242). Bei Körperverletzung mit nicht intendierter Todesfolge kann der Täter durch Flucht an eine ausgewiesene Asylstätte der Todesstrafe entkommen (Dtn 19,1–10).

Zugleich ist es auch eine Übersetzungsfrage, ob es sich bei der Vergeltung von Körperverletzungen an Auge, Zahn, Hand oder Fuß tatsächlich um eine Vergeltung von Gleichem mit Gleichem handelte oder nicht vielmehr eine maßvolle Vergeltung im Sinne ebenbürtiger Bestrafung gemeint war. So haben Martin Buber und Franz Rosenzweig in ihrer Übersetzung aus dem Hebräischen die obige Passage wie folgt übersetzt: »Passiert das Ärgste aber, dann gib Lebensersatz für Leben, Augersatz für Auge, Zahnersatz für Zahn, Handersatz für Hand, Fußersatz für Fuß [...].« (2. Mo, 21,24, Die Schrift 1992) Diese Auslegung widerspricht der gängigen christlichen Lesart des 19. Jahrhunderts, der zufolge das Alte Testament, und damit das Judentum, barbarische Vergeltung durch Blutrache gepredigt habe, während diese im Neuen Testament durch eine Wende hin zu Vergebung und Nächstenliebe ersetzt worden sei. Dass diese Entgegensetzung wirklich so aufrechtzuerhalten ist, hält die historisch-kritische Bibelforschung heute für sehr fraglich. Der Theologe und Exeget des Neuen Testaments Ingo Broer schreibt hierzu: »Die Tatsache, daß der Autor des ersten Evangeliums die Talioformel [...] als atl.-jüdische Norm bezeichnet und dem die christliche Forderung auf Talioverzicht entgegenstellt, sagt [...] mehr über das Verhältnis des Mt [Matthäus] und seiner Gemeinde zum Judentum aus als über die Praxis der jüdischen Gemeinde [...].« (1994, 20) Die neuere Forschung geht vielmehr davon aus, dass die Pharisäer das Talionsrecht bereits 200 Jahre vor dem Wirken von Jesus Christus mehrheitlich gemäß der Ersatzstrafe auslegten (Otto 1996; Schirrmacher 2004; Staubli & Zumstein-Hochreutener 1997).

Das Neue Testament bezieht sich im Matthäus-Evangelium auf das Talionsrecht also durch die negative Abgrenzung gegenüber dem Judentum und dessen vermeintlich wörtlicher Auslegung der Vergeltungslehre. In der im Matthäus-Evangelium überlieferten Bergpredigt fordert Jesus den Verzicht auf Strafe und ruft zur Versöhnung auf. Als Antwort auf das »Böse« predigt er Nächsten- und Feindesliebe. In dieser Radikalisierung offenbare sich eine noch höhere Gerechtigkeit (Mt 5,20), die ihren Ausdruck nicht im Zeichen des Gesetzes, sondern in der grenzenlosen Liebe und Barmherzigkeit finde (Schnelle 2013, 302–303). Die Menschen sollten das Böse nicht mit neuer Gewalt, sondern mit dem »Guten« vergelten (Mt 5,38–40): »Ihr habt gehört, daß gesagt worden ist: *Auge um Auge* und *Zahn für Zahn*. Ich aber sage euch: Leiste dem, der euch etwas Böses antut, keinen Widerstand, sondern wenn dich einer auf die rechte Wange schlägt, dann halt ihm auch die andere hin. Und wenn dich einer vor Gericht bringen will, um dir das Hemd wegzunehmen, dann laß ihm auch den Mantel.« (Die Bibel 1991, 1093) Der Appell der Bergpredigt lässt sich dahingehend deuten, dass der gute Christ unnötige Rechtsstreitigkeiten vermeiden und sich stärker um Mediation und Versöhnung bemühen soll. Dies muss nicht unweigerlich dichotom als radikale Ablehnung des Strafrechts gelesen werden, sondern kann auch als Mäßigung der Rechtsprechung und als Wille zum sozialen Frieden interpretiert werden (Schirrmacher 2004, 12–13).

Auch der Koran nimmt die Talionsformel auf. In Sure 5.44–45 heißt es mit Verweis auf die Tora: »Wer nicht danach richtet, was Gott herabgesandt hat, / das sind die Ungläubigen. / Wir schrieben ihnen darin vor: / Leben um Leben, Nase um Nase, / Ohr um Ohr, Zahn um Zahn, / und auch für Verletzungen Wiedervergeltung. / Wenn jemand dafür Almosen gibt, so gilt das für ihn als Sühne.« (Der Koran 2010, 99) Angesprochen werden hier die »Ungläubigen«, womit die vom gottgesandten Wort angeblich abtrünnig gewordenen Juden gemeint sind, die an das Talionsrecht zurückerinnert werden sollten. Zudem wird die Möglichkeit der Sühne eröffnet, um durch gute Taten (wie beispielsweise Almosen, aber auch Fasten oder die Befreiung eines Sklaven) schlechte Taten zu kompensieren (Weber 2011, 4).

Das Talionsrecht reicht mithin auf vielfältige Weise bis ins Altertum zurück, war Bestandteil des damaligen Rechtsverständnisses und wurde in den ersten Gesetzestafeln Mesopotamiens verschriftlicht. Es findet sich in den monotheistischen Weltreligionen, dem Judentum, dem Christentum und dem Islam. Umstritten ist in der Auslegung des Talionsprinzips bis heute, ob es im Sinne der Wiedervergeltung als Blutrache oder als Ersatzleistung gedeutet werden soll. Auch Kant und Hegel interpretieren die Talion diesbezüglich unterschiedlich.

1.2.1 Das Strafgesetz als kategorischer Imperativ (Kant)

Immanuel Kant begründet seine Strafrechtstheorie in der *Metaphysik der Sitten* (1797) einerseits moral- und andererseits rechtsphilosophisch. Für einige Interpreten birgt dieser doppelte Zugriff Widersprüche (Enderlein 1985; Merle 2007). Während Kant einerseits einen liberalen Rechtsbegriff entwirft, argumentiert er andererseits auch mithilfe des kategorischen Imperativs, der in seiner Moralphilosophie als Prüfmechanismus zur Universalisierung von normativen Aussagen dient. Dieser lautet in der *Grundlegung zur Metaphysik der Sitten* (1785): »handle nur nach derjenigen Maxime, durch die du zugleich wollen kannst, daß sie ein allgemeines Gesetz werde.« (Kant 1997, 51) Die Strafe und das Strafmaß sind bei Kant nicht allein vertragstheoretisch auf einem allgemeinen Willen basierende Rechtsnormen, sondern müssen mithilfe der praktischen Vernunft und anhand des kategorischen Imperativs bestimmt und gerechtfertigt werden.

Nach Kants Rechtslehre überträgt der Einzelne dem Staat die Zwangsbefugnis zu strafen. Dieser garantiert ihm im Gegenzug die freie Ausübung seiner Rechte, beispielsweise sein Recht auf Eigentum. Das Strafrecht dient demzufolge der Sicherheit des Einzelnen innerhalb des Gemeinwesens, indem es Gesetzesübertretungen verfolgt und bestraft. Die Grundlage einer jeden Strafe ist damit das Gesetz in Abgrenzung zur Willkür des Herrschenden. Nach Kant drückt das Recht vertragstheoretisch den Willen eines »Volkes« aus und ermöglicht dadurch die Freiheit des Einzelnen innerhalb der Gemeinschaft. Allerdings sind auch in Kants Rechtsphilosophie längst nicht alle gegenüber dem Gesetz gleich; »Frauenzimmer«, »Dienstboten« sowie unmündige oder finanziell abhängige Personen sollen von der aktiven Gesetzgebung ausgeschlossen werden. Sie haben lediglich den Status »passiver Staatsbürger«, die zwar gesetzlich geschützt, aber nicht gesetzgeberisch tätig sein sollen (Kant 1977, 433). Zudem muss die Regierung (als Exekutive) von der gesetzgebenden Gewalt (der Legislative) strikt unterschieden werden. Die Richter sollen von der Bevölkerung frei gewählt werden, und ihre Aufgabe sollte allein darin liegen, das Gesetz strikt anzuwenden. Die Kontingenz der Rechtsprechung wird hierdurch beschränkt und das Recht von den Machtansprüchen der Herrschenden losgelöst.

Für Kant ist das Strafrecht (*iustitia punitiva*) Teil der »öffentlichen Gerechtigkeit« (*iustitia distributiva*[1]) und bedarf der vernünftigen und allgemeinen Begründung. Öffentliche Verbrechen sind von Privatverbrechen zu unterscheiden, die sich gegen einzelne Personen richten und die unter der »Zivilgerechtigkeit« verhandelt werden müssen (ebd., 452). Unter Privatverbrechen fallen Vergehen wie Veruntreuung, Unterschlagung und Betrug. Dagegen sind Delikte wie beispielsweise Raub, Diebstahl und Mord Fälle der »Kriminalgerechtigkeit«, da sie das Gemeinwesen als solches gefährden. Diese Unterscheidung zwischen Zivil- und Kriminalgerechtigkeit fußt auf folgender Überlegung: Raub betrifft nicht nur die Opfer eines Überfalls, sondern stiftet allgemein ein Gefühl von Unsicherheit und stellt gesellschaftliche Institutionen wie das Privateigentum grundsätzlich infrage.

Die Strafe zielt darauf ab, dem Verbrecher einen Schmerz zuzufügen – und zwar »weil er verbrochen hat« (ebd., 453). Der Grund für die Strafe liegt demnach in der Tat selbst, nicht in einem ihr äußeren Zweck. Strafen sind also retrospektiv, auf die Vergangenheit hin ausgerichtet und folgen einer Gesetzesübertretung. Kant wendet sich mit seiner Strafrechtstheorie gegen konsequentialistische Rechtfertigungen für die Strafe, die auf relative Zwecke gerichtet sind. Schließlich darf der Mensch »nie bloß als Mittel zu den Absichten eines anderen gehandhabt« werden (ebd.). Nach Kant sollen wir Menschen als Zweck an sich selbst achten und dürfen sie keinesfalls instrumentell für unsere eigenen oder gesellschaftliche Anliegen missbrauchen, sonst verletzen wir ihre Würde. Strafen, die vorrangig ein Exempel statuieren sollen, sind demnach Kant zufolge menschenverachtend (Mohr 2009, 481).

Hinsichtlich des Strafmaßes orientiert sich Kant wie viele seiner Vorläufer am Talionsprinzip, welches besagt, dass Gleiches mit Gleichem vergolten werden soll. Der Verbrecher vergeht sich Kant zufolge am Allgemeinwesen: Er beraubt die anderen und sich selbst der Sicherheit. Für Kant ist »Wiedervergeltung« seitens des Staats die einzige angemessene Antwort auf eine Gesetzesübertretung, wobei dem Verbrecher das Gleiche widerfahren müsse, was er selber verbrochen hat. Weil er die Strafe selbst bedingt hat, könne der Bestrafte sich nicht über seine Bestrafung beklagen: Er selbst hat sich gegen Gesetze gewendet; sein Handeln ist daher für seine Bestrafung ursächlich. Der Verbrecher büßt Kants Straftheorie folgend durch das Verbrechen seinen Status als Staatsbürger und damit seine rechtliche Freiheit zur Mitgesetzgebung ein (Kant 1977, 453; Enderlein 1985: 311f.). Dieser radikale Ausschluss aus dem politischen Gemeinwesen berührt Kritikern zufolge jedoch die Menschenwürde des Verurteilten, da sich die Würde des Einzelnen auf einer rechtlich-politischen Ebene in Form der Staatsbürgerschaft ausdrückt, die als unveräußerliche auch dem »Verbrecher« eigen sein muss (Mohr 2009, 479, 494).

Die Strafe darf nach Kant durch keine anderen Zwecke kompromittiert werden: So darf beispielsweise ein zum Tode Verurteilter seiner Strafe nicht entkommen, indem er sich als Versuchsobjekt für medizinische Experimente zur Verfügung stellt, die der Gesellschaft nutzen würden. Auf das Verbrechen muss vielmehr immer die Strafe folgen, weil die Wiederherstellung der Gerechtigkeit einen allgemeinen Wert darstellt: »[...] denn, wenn Gerechtigkeit untergeht, so hat es keinen Wert mehr, daß Menschen auf Erden leben.« (Kant 1977, 453) Dieser Verweis auf Gerechtigkeit als unverrückbaren Wert und immanentes Ziel der Strafe macht Kant zu einem Vertreter absoluter Straftheorie.

Die strikte Gleichheit als Strafmaß muss den Eigenschaften des Täters bzw. der Täterin angemessen sein, und zwar je nach deren Verletzbarkeit, sozialer Stellung und Charakter (ebd., 454). So trifft einen reichen Menschen eine Geldstrafe weniger hart als eine arme Person. Es bedarf also eines Äquivalents, *»dem Geiste des Strafgesetzes gemäß«* (ebd., 488), das jeden Menschen je nach Tat gleich trifft. So dürfe ein reicher Mensch, der einen anderen beleidigt hat, nicht allein mit einer Geldstrafe belegt werden, da ihn dies nicht hart treffe, sondern es müsse ihm eine Handlung auferlegt werden, die sein Ehrgefühl tangiere, beispielsweise indem er einer niedriger stehenden Person die Hand zu küssen habe.

Darüber hinaus wird bei Kant das Talionsprinzip durch die Menschenwürde begrenzt (Byrd/Hruschka 2007, 962–963): So dürfen besonders gravierende Verbrechen nicht mit Gleichem vergolten werden, da die Vergeltung sonst selbst ein »Verbrechen an der Menschheit« (Kant 1977, 488) darstellen würde. Vergewaltigung etwa solle nicht mit neuer sexueller Gewalt, jedoch mit Kastration bestraft werden (ebd.). Als allgemeine Äquivalente schlägt Kant als Vergeltungsmaßnahme für Eigentumsdelikte den Sklavenstand vor, in welchem der Bestrafte (dauerhaft oder für kurze Zeit) für das Gemeinwesen arbeiten soll. Bei Verbrechen von besonderer Bestialität fordert Kant die Verbannung. Für den Mord ergebe sich aus dem Talionsprinzip heraus die Todesstrafe, da sie das einzig zu rechtfertigende Äquivalent darstelle. Jedoch müsse diese frei von Misshandlung durchgeführt werden. Kant interpretiert die Talion demnach im Sinne der größtmöglichen Gleichheit zwischen Verbrechen und Strafe und weniger im Sinne von Ersatzleistungen, beispielsweise durch Geldstrafen.

Mit seinem Plädoyer für die Todesstrafe wendet sich Kant explizit gegen Beccarias Kritik an der Kapitalstrafe; diese sei nichts weiter als »Sophisterei und Rechtsverdrehung« (ebd., 457). Beccarias Argument, ein Mensch könne unmöglich einem Gesellschaftsvertrag zustimmen, nach welchem der Staatsgewalt die Befugnis eingeräumt werde, ihm das Leben zu nehmen (vgl. Kap. 1.1.1), entgegnet Kant, dass dieser dem Gesellschaftsvertrag ja nicht in seiner Rolle als Verbrecher, sondern qua seiner rechtlich-gesetzgebenden Vernunft (als *homo noumenon*) zugestimmt habe. Er habe überdies dem Gesellschaftsvertrag im Allgemeinen und nicht dem Recht zu strafen im Besonderen zugestimmt.

Der Gesellschaftsvertrag, wie er bei Kant eine Rolle spielt, ergibt sich aus der Idee der praktischen Vernunft und beschreibt keinen historischen Zustand einer Zustimmung, wie sie tatsächlich faktisch stattgefunden hätte. Sein Angriff auf Beccaria ist dennoch nicht stichhaltig, da Beccaria nicht argumentiert, dass ein Mensch als konkretes Tätersubjekt dem Vertrag nicht zustimmen würde, sondern er es prinzipiell für unvernünftig wie auch unmöglich hält, dem Staat im Gegenzug für seine Sicherheit zu gestatten, dem Menschen das Wertvollste zu nehmen, was ihm eigen (und zugleich nicht eigen, weil von Gott gegeben) ist, nämlich sein irdisches Leben (Beccaria 1764, 48; vgl. Primorac 1978, 414).

Eine Ausnahme von der allgemeinen Todesstrafe bei Mord ist Kant zufolge allein dann zu rechtfertigen, wenn durch ihre Ausübung so viele Mitglieder eines Gemeinwesens stürben, dass das Überleben der Nation gefährdet würde. Als weitere Ausnahmen diskutiert Kant sogenannte »Ehrverbrechen«, etwa das Duell und die Tötung eines außerehelichen Kindes durch die Mutter. Solange das Ehrgefühl einer Gesellschaft in diesem Maße »barbarisch« sei (Kant 1977, 459), dass dem Gemeinsinn solche Formen des Mordes gerechtfertigt erschienen, solle sich auch das Strafrecht dementsprechend ausgestalten, um den Bürgern nicht als unrechtmäßig zu erscheinen.

Das Strafgesetz ist demnach ein kategorischer Imperativ und als Folge eines Unrechts stets zu vollziehen. Daraus ergibt sich Kants extreme Forderung in seinem immer wieder zitierten Inselbeispiel: Selbst wenn sich eine Gemeinschaft auflöse, beispielsweise indem alle auf einer Insel befindlichen Menschen von dort abwanderten, so »müßte der letzte im Gefängnis befindliche Mörder vorher hingerichtet werden, damit jedermann das widerfahre, was seine Taten wert sind« (ebd., 455). Der kategorische Imperativ zu strafen widerspricht damit jeder Form der Straflosigkeit (*impunitas criminis*). Dies ist auch der Grund, warum sich Kant gegen die Begnadigung durch den Herrscher ausspricht. Das Majestätsrecht der Gnade könne allein in denjenigen Fällen als gerechtfertigt gelten, in welchem die Hoheit selbst angegriffen wird – und auch nur dann, wenn die Begnadigung nicht die öffentliche Sicherheit gefährde.

Kant wendet sich also gegen relative Strafrechtstheorien (Kap. 1.1) und kann aufgrund der Betonung der immanenten Zweckhaftigkeit der Strafe als ein Vertreter der absoluten Strafrechtstheorie gelten. Auf der Basis von Überlegungen der Gerechtigkeit reagiert die Strafe auf ein moralisches Übel (*quia peccatum est*; Kant 1977, 487). Sie ist jedoch nicht allein rückwärtsgewandt (retrospektiv), insofern sie sich auf ein in der Vergangenheit liegendes Ereignis bezieht, das es durch Vergeltung (Retribution) wiedergutzumachen gilt. Strafe ist zugleich auch zukunftszugewandt (prospektiv), indem sie Kants Rechtslehre gemäß einen allgemeinen Rechtszustand aufrechterhält. Darin liegt ihre generalpräventive Funktion als die Abschreckung der Allgemeinheit vor weiteren Straftaten (Byrd/Hruschka 2007). Aus diesem Grund bewerten manche Autoren Kants Straftheorie auch als Mischtheorie mit retributiven und generalpräventiven Elementen. Dennoch muss die abschreckende Wirkung der Strafe als Nebenfolge mit sekundärem Rang bewertet werden (Höffe 1999, 231): Auch wenn die Strafe abschreckend wirkt, liegt ihre primäre Rechtfertigung darin begründet, dass sie vergangene Rechtsübertretungen im Sinne öffentlicher Verbrechen vergilt. Dies unterscheidet die Strafgerechtigkeit in ihrer moralischen Rechtfertigung und rechtsphilosophischen Bedeutung von der pragmatisch orientierten »Strafklugheit« konsequentialistischer Argumentationen (Kant 1977, 487).

Kants Idee der Strafgerechtigkeit verlangt die allgemeine und gleiche Anwendung des Talionsprinzips innerhalb eines auf Gewaltenteilung basierenden Rechtsstaats. Durch die uneingeschränkte Geltung dieses Prinzips sind für ihn auch aus heutiger Sicht drakonisch erscheinende Formen staatlich ausgeführter Gewalt wie die Kastration, die Todesstrafe und die Verbannung als mögliche Strafformen legitim. Die Menschenwürde verbietet jedoch auch nach Kant Strafen, die selbst wiederum als Verbrechen gegen die Menschlichkeit gewertet werden könnten. Zentral ist für ihn die allgemeine und gerechte Anwendung des Strafrechts, die weder durch andere Strafzwecke verzerrt (beispielsweise durch unangemessen hohe Strafen, um eine Norm durchzusetzen) noch durch die Machtansprüche des Herrschers kompromittiert werden darf. Kants Straftheorie wurde unter anderem von Zeitgenossen wie Hegel in seiner Rechtsphilosophie aufgegriffen und kritisiert.

1.2.2 Die Negation der Negation: Strafe als Wiederherstellung des Rechts (Hegel)

Die provokante These der Straftheorie G.W.F. Hegels lautet, die Strafe sei ein Recht »*an den Verbrecher* selbst« (1970, 190). Hegel geht so weit zu behaupten, die Strafe »ehre« den Verbrecher (ebd., § 100, 191), und zwar deshalb, weil sie ihn als vernünftiges Wesen anerkenne. Der Gesetzesbrecher willige bereits durch seine Tat in seine Bestrafung ein und habe sogar ein Recht auf seine Bestrafung. Indem er die Geltung des Rechts verletzt, setzt er seinen »besonderen Willen« gegen die Allgemeinheit des Rechts. Für Hegel ist das abstrakte Recht die Grundbedingung menschlicher Freiheit überhaupt; diese ist das Dasein des freien Willens. Das »wahre« Recht begrenzt die Freiheit daher auch nicht;

vielmehr realisiert es die Freiheit durch einen rechtlich geordneten Zustand. Die besondere Freiheit des Einzelnen wird erst intersubjektiv zur wirklichen Freiheit. Indem ein Mensch gegen das Recht verstößt, gefährdet er seine eigene Freiheit.

Zunächst stellt sich jedoch die Frage, welche Handlungen überhaupt als strafwürdig zu gelten haben. Hegel unterscheidet hier kategorial drei Stufen des Unrechts: Zunächst gibt es Rechtsstreitigkeiten zwischen Bürgern bezüglich einer »Sache«. Beide Parteien erkennen das Recht an, möchten es aber zu ihren Gunsten ausgelegt wissen. Es handelt sich um eine »Rechtskollision« (ebd., § 84, 175) zwischen den Vertragsparteien, also um den Widerstreit zwischen zwei partikularen Interessen. Es ist also nicht das Recht, das hier infrage gestellt wird, sondern es kollidieren unterschiedliche Auslegungen der Subsumption eines Falls unter das Recht miteinander. Diese erste Stufe des sogenannten »unbefangenen oder bürgerlichen Rechts« charakterisiert Hegel anhand der folgenden Metapher: »Wenn ich sage, eine Rose sei nicht rot, so erkenne ich doch noch an, daß sie Farbe habe, ich leugne daher die Gattung nicht und negiere nur das Besondere, das Rote.« (Ebd., § 86, 176)

Auf einer zweiten Stufe siedelt Hegel den Betrug an. Während sich beim unbefangenen Unrecht beide Parteien im Recht glauben, erzeugt beim Betrug eine Person bewusst einen »falschen Schein« in Belangen eines Vertrages (ebd., § 87, 177). Damit wird der Betrogene nicht in Bezug auf seinen subjektiven Willen verletzt, aber in Bezug auf »die Sache«. Hegel zufolge verletzt eine solche Handlung das allgemeine Recht, da es die subjektive Willkür der objektiven rechtlichen Institution des Vertrages entgegenstellt und diese zum »Schein« degradiert. Deswegen ist der Betrug im Gegensatz zum bürgerlichen, unbefangenen Unrecht der ersten Stufe strafwürdig.

Auf einer dritten Stufe werden nun sowohl der subjektive Wille des Einzelnen wie auch die objektive Seite des Rechts verletzt; sie verkörpert daher das »eigentliche Unrecht«: Es handelt sie hier um Verbrechen, worunter beispielsweise Diebstahl fällt. Der besondere Wille des Verbrechers stellt sich sowohl gegen den subjektiven Willen eines anderen, des Opfers, wie auch gegen den »an sich seienden Willen« des Rechts (ebd., § 99, 187). Grund für die Bestrafung ist nicht ein moralisches Übel, sondern die Tatsache, dass durch den Rechtsbruch das Rechtsverhältnis als Freiheitsbedingung der Menschen gefährdet wird.

Die rechtsstaatliche Sanktionierung von Gesetzesübertretungen ist Hegel zufolge eine Verletzung der Verletzung, also eine Negation der Negation des Rechts, und dient auf diese Weise der Wiederherstellung des positiven Rechts. Sie richtet sich nicht gegen den Täter, sondern gegen dessen Tat. Sein besonderer Wille, der dem allgemeinen Recht widerspricht, wird bestraft und damit das Verbrechen, als Negation des Rechts, aufgehoben. Das Verbrechen ist ein Zwang gegen einen anderen Willen. Aufgehoben wird der Zwang, der vom Verbrechen ausgeht, durch einen »zweiten« Zwang (ebd., § 93, 179). Demnach ist das Recht »Zwangsrecht« gegen das Unrecht und zugleich »aufhebende Gewalt«, welche die Geltung des Rechts wiederherstellen soll (ebd., § 94, 180). Die Strafe hebt dabei nicht die Verletzung des Opfers auf (schließlich lassen sich gewisse Schäden der Person wie gravierende Körperverletzungen retrospektiv auch gar nicht wiedergutmachen); sie hebt vielmehr die Verletzung des Rechts in seiner allgemeinen Geltung auf. Die Strafe lässt sich hinsichtlich ihrer Wirkung als Mittel der positiven Generalprävention interpretieren, indem sie das Recht in seiner Geltung bestätigt (Mohr 2014, 106–109).

Die Verletzung zweiter Stufe, wie sie durch den Staat am Verbrecher verübt wird, um das Recht in seiner Geltung zu bestätigen, rechtfertigt sich nach Hegel auch aus der Perspektive des Täters, weil es diesen als einen »Vernünftigen« anerkennt (Hegel 1970, § 100, 190–191). Schließlich vereint der Täter beides: Seine Tat setzt seinen subjektiven gegen den allgemeinen Willen, und zugleich ist er auch Teil des »vernünftigen Allgemeinen« (ebd., § 100, 191). Der Wille des Täters steht also im Widerspruch zu sich selbst (Merle 2007, 103). Deswegen ehrt ihn die Bestrafung, indem sie ihn als einen vernunftbegabten Menschen mit einem freien Willen anerkennt.

Des Weiteren reflektiert Hegel die Grenzen dieser Zwangsbefugnisse gegen den Verbrecher: Der Zwang des Staates gegen den Willen eines Bürgers bleibt diesem äußerlich. Die Zwangsbefugnisse können sich nicht auf das Innere, auf seine moralischen Überzeugungen beziehen: »Die Strafgesetze können sich also auf Gesinnung nicht erstrecken wollen, denn im Moralischen bin ich für mich selbst, und die Gewalt hat hier keinen Sinn.« (Hegel 1970, § 94, 181) Ob Zwang überhaupt die einzig legitime Antwort auf einen Gewaltakt darstellen kann, lässt sich aus philosophischer Sicht grundlegend infrage stellen. Ulrich Klug hält Hegel entgegen, dass Zwang durch weiteren Zwang gesteigert werde und vielmehr eine heilende Aktion vonnöten wäre (Klug 1981, 153). Restaurative Gerechtigkeitsansätze zielen aus diesem Grund auf Versöhnung und Wiedergutmachung statt auf Vergeltung (vgl. Kap. 5.2).

Hegel grenzt seine Legitimation der Strafe schließlich auch von der Rache ab – und versteht Letztere als Antwort eines subjektiven besonderen Willens auf die erfolgte Verletzung. Im Fall der Rache vergilt das Opfer oder ein Stellvertreter eigenmächtig die Tat, wie dies beispielsweise bei Familienfehden der Fall ist. Der besondere Wille geriert sich in der Rache als ein allgemeiner, der er aber nicht ist – schließlich ist das Opfer kein unabhängiger Richter, der auf der Basis von Gesetzen richtet. Die aus diesem Widerspruch resultierende erneute Verletzung produziere einen unendlichen Regress der Gewalt, so Hegels Kritik. Das unterscheidet die *rächende* von der *strafenden Gerechtigkeit* (Hegel 1970, §102–103, 196–197). Allgemein hat die Gerechtigkeit in Gesellschaften, die über keine Gesetze und Richter verfügen oder Verbrechen wie etwa Diebstahl als Fragen des Privatrechts behandeln, das Antlitz der Rache. Dort werde durch die geübte Vergeltung über Generationen hinweg neues Unrecht produziert, statt es aufzuheben.

In Fragen des Strafmaßes polemisiert Hegel gegen Kants Auslegung des Talionsprinzips als »spezifische Gleichheit«, schließlich ergäben sich daraus die folgenden Absurditäten: Soll der Vergewaltiger angesichts seiner Tat tatsächlich vergewaltigt werden? Dagegen spricht sich Hegel für die Gleichheit nach dem Wert entsprechend der von ihr ausgehenden Verletzung aus (ebd., § 101, 192). Die Gleichheit lasse sich nicht absolut bestimmen, sondern nur annäherungsweise. Diese »innere Gleichheit« (ebd., § 101, 194) beschreibt das Verhältnis zwischen der Verletzung und der Strafe und sei eher als Richtmaß zu verstehen, wie Strafen zuzumessen seien. Zwar sind Diebstahl und Gefängnisstrafe »ungleich«, aber dem Wert nach »vergleichbar« (ebd.). Absolut kann der Verstand die äquivalente Strafe nie bestimmen. Es liegt vielmehr in der Natur der Sache, dass eine allgemeine Regel in ihrer Anwendung eine Kontingenz enthält; diese Unbestimmtheit ist notwendiger Bestandteil der angestrebten Universalität (ebd., § 214, Zusatz). Dennoch sind jeder Taler und jede Woche Gefängnis, die zu viel verhängt werden, »ungerecht«. Das Strafmaß muss sich stets an dem Maß der inneren Gleichheit orientieren und kann in Form einer Ersatzleistung erfolgen.

Für gewisse Verbrechen ist die Todesstrafe die einzige angemessene strafrechtliche Sanktion, da es hierfür keine andere

Äquivalenz gebe. Allerdings darf sie Hegel zufolge nur in seltenen Fällen Anwendung finden, und zwar allein bei »todeswürdigen« Verbrechen wie beispielsweise Mord. »Denn da das Leben der ganze Umfang des Daseins ist, so kann die Strafe nicht in einem *Werte*, den es dafür nicht gibt, sondern wiederum nur in der Entziehung des Lebens bestehen.« (Ebd., § 101, 196) In vielen Fällen sei die Todesstrafe aus guten Gründen durch die Gefängnisstrafe ersetzt worden und dürfe nur als »Spitze der Strafe« eingesetzt werden (ebd., § 100, 192). Mit Blick auf Beccarias Argumente gegen die Todesstrafe wendet Hegel ein, der Verbrecher habe durchaus in seine Bestrafung eingewilligt, und zwar durch seine Tat. An dieser Stelle wendet er sich allgemein gegen vertragstheoretische Begründungen, wie sie von Beccaria und Kant vertreten werden. Für Hegel ist der Staat schlicht kein Sozialvertrag: Schließlich können Kategorien, wie sie in Bezug auf Fragen des Eigentums sinnvoll genutzt werden (man disponiert in einem Vertrag beispielsweise über einen Gegenstand), nicht unhinterfragt in Belangen des Staates verwendet werden. Der Einzelne kann seine Rechte nicht im Vertrag mit dem Staat oder dem Fürsten verbriefen. Rechte und Pflichten sind nicht etwas, über das wir wie über einen Eigentumsgegenstand willkürlich verfügen könnten. Der Staat ist demnach kein Produkt der willkürlichen Entscheidung seiner Bürger. Vielmehr ist der Staat eine logische Notwendigkeit: Er ist die Bestimmung des Menschen und repräsentiert für Hegel etwas »Höheres« und Absolutes, einen Zweck an und für sich (ebd., § 100, 191 sowie § 75, Zusatz).

Im Gegensatz zu Kant, der die Gnade als ungerecht bewertet, weil sie dem Gebot der Gleichheit widerspricht und die Straflosigkeit befördert, spricht sich Hegel für die Möglichkeit der Begnadigung aus, und zwar weil diese wohl die Strafe, aber nicht das Recht aufhebe: »Diese bleibt vielmehr, und der Begnadigte ist nach wie vor ein Verbrecher.« (Ebd., § 282, Zusatz, 454) Begnadigen kann jedoch allein der Monarch mit einer »grundlosen Entscheidung« (ebd., 455). Diese ist also kontingent – grundlos – und damit eine Gabe des Herrschers. Sie ist legitim, weil sie die Rechtsordnung nicht infrage stellt und als Ausnahme nicht die Regel als solche tangiert, da sie allein dem Herrscher zusteht.

Auf der Ebene seiner Rechtfertigung der Strafe wendet sich Hegel grundsätzlich gegen jegliche Form der Folgenabschätzung (konsequentialistische Begründungen): im Sinne der Abschreckung (negative Generalprävention) oder Verhinderung von Straftaten (Spezialprävention). Die Androhung von Strafen ist ihm zufolge ein Zeichen von Unfreiheit, die dem Menschen nicht würdig sei: »Es ist mit der Begründung der Strafe auf diese Weise, als wenn man gegen einen Hund den Stock erhebt, und der Mensch wird nicht nach seiner Ehre und Freiheit, sondern wie ein Hund behandelt.« (Ebd., § 99, 190) Begründen lässt sich nach Hegel also die Strafe nicht durch ihren Nutzen für die bürgerliche Gesellschaft, sondern allein auf der Basis von Überlegungen zu der Frage, was gerecht sei und die Freiheit des Menschen befördere. Nur eine solchermaßen begründete Strafe darf vom Staat ausgeführt werden. Bei der Strafzumessung kann sich der Gesetzgeber jedoch auch an relativen Strafzwecken, also am Nutzen der Strafe für die Gesellschaft, orientieren (Mohr 2014, 119). So spezifiziert Hegel im dritten Teil der Rechtslehre, zur »Sittlichkeit«, Kriminalpolitik sei stets auch ein Produkt der jeweiligen sozialen Verhältnisse. So seien in einer wenig gefestigten Gesellschaft härtere Strafen legitim, während in einem stärkeren Gemeinwesen Verbrechen nahezu als etwas Subjektives erscheinen und das Recht als solches nicht infrage stellen. Insofern können sie milder geahndet werden (Hegel 1970, § 218, Zusatz). Damit fügt Hegel seiner retributiven Rechtfertigung der Strafe ein präventionstheoretisches Argument hinzu.

Beide Theorien, diejenige Kants wie jene Hegels, werden von ihren Interpreten in jüngerer Zeit vermehrt als Mischtheorien oder sogenannte Vereinigungstheorien eingeordnet, welche retributive und generalpräventive Argumente miteinander verbinden. Jedoch liegt die Begründungslast in beiden Theorien auf dem Gedanken der Vergeltung von vergangenem Unrecht, weswegen sie sich kategorial den absoluten Straftheorien zurechnen lassen. In der Begründung des Strafrechts im 20. Jahrhundert spielt Vergeltung hingegen eine nachgeordnete Rolle. Sie wurde zunehmend von Theorien der Prävention zum Schutz der Bürger oder der Wiedereingliederung von Verurteilten im Sinne der Resozialisierung ersetzt.

Im Rahmen der sogenannten »neoklassischen« Straftheorien hat man sich indes erneut auf die klassischen Theorien der Aufklärung berufen, und zwar als Form des maßvollen Strafens, die den Bürger gegen die Willkür des Staates schützen soll, ihm Verfahrenssicherheit garantiert und vergleichbare Ergebnisse in der Rechtsprechung hervorbringt (Christie 1983; von Trotha 1983). Klassische Argumente der absoluten Straftheorien wurden beispielsweise relevant, als in den 1970er Jahren in den skandinavischen Staaten vermehrt auf die »Besserung« von Tätern durch Einweisung in psychiatrische Einrichtungen sowie Therapiemaßnahmen abgezielt wurde. Dabei wurde die Strafe zunehmend von dem Wissen durch »Experten« bestimmt und löste sich vom juridischen Urteilsspruch ab. Es sollte nun nicht mehr die Tat vergolten werden, sondern der Täter wurde vermehrt ins Visier der Kontrolle genommen und spezialpräventiven Besserungsmaßnahmen unterzogen. Dabei konnte es zu einer unangemessen langen Zeit der Internierung kommen, die in keinem Verhältnis zu dem Verbrechen als Maß für die Bestrafung mehr stand. Kritiker bezogen sich nun auf die klassische Straftheorie, um zu argumentieren, dass diese Besserungsmaßnahmen ungerecht seien.

Ebenfalls in den 1970er Jahren wurde der punitive Trend in den USA und Großbritannien in Abgrenzung zu einer wohlfahrtsstaatlich orientierten Strafpolitik mit neoklassischen Argumenten der Vergeltung argumentativ befeuert und hat dort jedoch nicht zu einer Begrenzung des Strafrechts, sondern zu einer erheblichen Ausweitung des staatlichen Strafmonopols geführt (Garland 2001; vgl. Kap. 4.3).

2. Sozialtheoretische Erklärungen der Strafe

Theorien über die Strafe sind nicht allein auf der Basis eines philosophisch-argumentativen Gerüsts über die Gerechtigkeit des Strafens oder seine Effizienz entworfen worden. Sie lassen sich auch aus historischen Entwicklungen und anthropologischen Annahmen ableiten, aus soziologischen Beobachtungen deduzieren oder auf der Grundlage politiktheoretischer Überlegungen konzipieren. Dabei sind empirische Erkenntnisse zu immer wichtigeren Bezugsquellen geworden. Dieses Kapitel skizziert Ansätze, die sich von den absoluten und den relativen Rechtfertigungsstrategien für die Strafe gleichermaßen abzusetzen versuchen und um die Jahrhundertwende vom 18. zum 19. Jahrhundert für neue Arten und Weisen argumentierten, wie über die Strafe und das Strafrecht nachzudenken sei.

Franz von Liszt (1851–1918) gilt als Begründer der »modernen Schule« des Strafrechts und versucht die Strafe konsequent nach den in einer Rechtsgemeinschaft als schützenswert erachteten Rechtsgütern auszurichten. Émile Durkheim (1858–1917) entwirft eine Straftheorie, welche die Strafe erstmals konsequent soziologisch zu erklären versucht, und fragt, warum diese gewaltförmige und im Hinblick auf die von ihr deklarierten Ziele ineffiziente Praktik auf einer gesellschaftlichen Ebene in immer neuem Gewand fortlebt. Friedrich Nietzsche (1844–1900) untersucht ebenfalls die Gründe für das Fortleben der von ihm als Barbarei erachteten Strafe. Dabei erweist er sich als einer der ersten radikalen Kritiker der Strafe, dessen Gedankenlinien sich in der Kritischen Kriminologie der Nachkriegszeit wiederfinden lassen und sich auch heute noch als hochaktuell erweisen.

2.1 Strafrecht als geformter Trieb (von Liszt)

Franz von Liszts Straftheorie plädiert dafür, die Strafe an ihren sozialen Funktionen auszurichten und auf der Basis von Strafzwecken zu begründen. Von Liszt wurde 28-jährig Professor der Jurisprudenz und später Politiker im Preußischen Abgeordnetenhaus. Seine strafrechtliche Reformprogrammatik, welche er insbesondere in seiner Antrittsvorlesung im Jahre 1882, dem sogenannten »Marburger Universitätsprogramm« darlegte, hat die Gesetzgebung zahlreicher europäischer Staaten geprägt und machte ihn international bekannt. Für manche Straftheoretiker gilt er als der große progressive Reformer des ausgehenden 20. Jahrhunderts. Andere hingegen möchten in seinem Denken einen problematischen Machiavellismus erkennen, der das Strafrecht zu stark an politische, historisch kontingente Ziele bindet. So lassen sich durchaus Kontinuitätslinien von Liszts Plädoyer für ein Täterstrafrecht, für die Sicherheitsverwahrung und die Todesstrafe sowie seinem »populistisch-rüden Jargon« (Vormbaum 2011, 127) zur nationalsozialistischen Jurisprudenz erkennen.

Von Liszt selbst bezeichnete die von ihm mitgestaltete Ausrichtung der neuen Strafrechtstheorie als »Vereinigungstheorie«. Die absolute Rechtfertigung der Strafe soll sich in »funktionaler Äquivalenz« zu ihrer empirischen Notwendigkeit ausgestalten (Naucke 1982, 534). Damit wendet sich von Liszt gegen jegliche metaphysische Herleitung der Strafe und reduziert sein Begründungsprogramm auf die »Notwendigkeit« der Strafe infolge eines Verbrechens (von Liszt 1968, 8). Notwendig ist die Strafe, weil ihr Zweck darin besteht, die bestehende Rechtsordnung zu schützen. Wenn die Strafe diese Aufgabe sinnvoll erfüllt, dann ist sie auch gerecht. Die Strafe begründet sich folglich in gezielter Abgrenzung zu den klassischen aufklärerischen Strafrechtstheorien durch ihre funktionale Zweckmäßigkeit innerhalb einer gesellschaftlichen Ordnung und nicht aus abstrakten Prinzipien der Gerechtigkeit wie beispielsweise dem *ius talionis* (vgl. Kap. 1.2).

Um ihren gesellschaftstheoretischen Ort zu bestimmen, bedient sich von Liszt eines historischen Ansatzes, der die Genese der Strafe beleuchtet. Im Laufe der Geschichte habe sich aus der *Strafgewalt* als einer ungezähmten Triebhandlung mit dem Ziel der Selbsterhaltung das *Strafrecht* (*ius puniendi*) herausgebildet, welches die Strafgewalt zugleich objektivierte und begrenzte. Die archaische Rache innerhalb einer Gemeinschaft richtete sich in Form der Familien- oder Geschlechterrache gegen ein anderes Kollektiv und zielte darauf, durch Verletzung oder Vernichtung des Verbrechers eine Tat zu sühnen oder durch dessen Ausschluss aus der Gemeinschaft den Frieden zu bewahren. Die Strafe als Triebhandlung war maßlos und durch den Überlebensinstinkt einer Gruppe motiviert. Dabei war und ist sie stets »soziale Reaktion gegen soziale Störungen« (ebd., 11), hatte also von Anbeginn einen gesellschaftlichen Charakter. Erst als sich die ersten Staaten herausbildeten, begann sich die staatliche Strafe zu »objektivieren«. Der Straftrieb wurde dabei gezähmt und durch die Hinwendung zum sogenannten Rechtsgüterschutz in juridische Formen gelenkt. Erst dadurch konnte die Strafe zu einem Ausdruck der »Sittlichkeit« einer Gemeinschaft werden. Dieser Prozess der Objektivierung war auch für den Verbrecher ein Fortschritt, weil dieser von nun an weder der zügellosen Rache ausgesetzt war noch riskieren musste, als Vogelfreier jeglichen rechtlichen Schutzes beraubt zu sein. In diesem

Sinne ist der Prozess der Verrechtlichung der Strafe die *Magna Charta* des Verbrechers: »Es [das Strafgesetzbuch] verbrieft ihm das Recht, nur unter den gesetzlichen Voraussetzungen und nur innerhalb der gesetzlichen Grenzen bestraft zu werden.« (von Liszt 2011, 233)

Die Zweckmäßigkeit der verrechtlichten Strafe soll sich im Rahmen der von von Liszt entwickelten Reformprogrammatik am Rechtsgüterschutz orientieren. Rechtsgüter definiert er als Interessen, welche Menschen innerhalb eines staatlichen Gemeinwesens in einem historischen Entwicklungsprozess als rechtlich schützenswert deklariert haben. Sie sind also selbst Produkte eines historisch-evolutionären Prozesses. Es handelt sich bei ihnen um die notwendigen »Lebensbedingungen« wie beispielsweise die Unversehrtheit des Lebens, das Recht auf Eigentum oder auch die Treue in der ehelichen Gemeinschaft (von Liszt 1968, 16). Das Strafmaß orientiert sich an den jeweils notwendigen Erfordernissen, um diese Rechtsgüter effektiv zu schützen. Dabei bleibt die Strafe auch in ihrer modernen Form ein »zweischneidiges Schwert«, weil sie »Rechtsgüterschutz durch Rechtsgüterverletzung« zu erreichen sucht (ebd., 28). Schließlich ist Strafe, und hier folgt von Liszt der Straftheorie G. W. F. Hegels, Zwang gegen den Willen des Verbrechers. Sie ist entweder indirekter Zwang durch Maßnahmen zur Besserung bzw. Abschreckung des Täters oder sie ist direkter Zwang in Form der »Sequestrierung« des Verbrechers durch Unschädlichmachung (ebd., 30).

Von Liszt plädiert für eine spezialpräventive Straftheorie, wobei die einzelnen Strafen je nach Verbrechertypus verhängt werden sollen. Die drei Kategorien von »Verbrechern« und die dazugehörigen Strafmaßnahmen lassen sich wie folgt unterteilen: erstens Besserungsmaßnahmen für die besserungs*fähigen* und besserungs*bedürftigen* Verbrecher, zweitens Abschreckungsmaßnahmen für die nicht besserungsbedürftigen Verbrecher und drittens Unschädlichmachung für die nicht besserungsfähigen Verbrecher (ebd., 31–32).

Zu der ersten Kategorie gehören nach von Liszt diejenigen, die sich erst am Anfang einer Verbrecherkarriere befinden. Für sie sieht er die Internierung in einer Besserungsanstalt mit Arbeitszwang und Elementarunterricht vor. Zu der zweiten Kategorie gehören die Gelegenheitsverbrecher, die vor allem durch äußere Einflüsse dazu verleitet wurden, eine Tat zu begehen. Hier seien intensive Besserungsmaßnahmen gar nicht vonnöten. Vielmehr müssten solche Verbrecher flexibel durch Geld- und Freiheitsstrafen von weiteren Straftaten abgehalten werden. Als dritte Kategorie fasst er die »Gewohnheitsverbrecher« mit einem hohen Rückfallrisiko. Auch hier sei es Verschwendung, Steuergelder in Besserungsmaßnahmen zu investieren. Vielmehr sollte diese Gruppe auf Lebenszeit in Zucht- und Arbeitshäusern weggesperrt werden. Dies könne bereits nach der dritten Verurteilung erfolgen (ebd., 32–36). Eine aktuelle Variante dieses Vorschlags stellen die sogenannten *Three-strikes laws* verschiedener Bundesstaaten in den USA dar, die bei der dritten Straftat (und selbst bei geringfügigen Delikten wie Diebstahl) eine Strafe von 25 Jahren oder lebenslänglich vorsehen. Diese Gesetzesinitiativen sollen die Gesellschaft vor Gewohnheitsverbrechern schützen und im starken Maße abschreckend wirken. Natürlich sind sie höchst fragwürdig, weil dadurch geringfügige Verbrechen (beispielsweise dreimaliges Entwenden von Zigaretten) härter geahndet werden können als gravierende Gewaltverbrechen. Dieser Aspekt wirft Fragen hinsichtlich der Proportionalität des Strafmaßes auf.

Bei von Liszt wird der Gewohnheitsverbrecher zum Feind erklärt, da er seine Chancen in der Gesellschaft unwiderruflich verwirkt hat (Mushoff 2008, 147). Das Bundesverfassungsgericht hat einen solchen Umgang mit Verurteilten ohne Aussicht auf Wiedereingliederung in die Gesellschaft allerdings in seiner historischen Entscheidung zur lebenslangen Haft aus dem Jahr 1977 als menschenunwürdig erklärt, da jedem Menschen die Hoffnung auf und die konkrete Möglichkeit eines Lebens in Freiheit erhalten bleiben müssen (BVerfG – 1 BvL 14/76).

Die Strafmaßnahmen, die von Liszt vorschlägt, zielen vor allem darauf, die Täter daran zu hindern, in der Zukunft erneut Verbrechen zu begehen. Für von Liszt ist die Tat untrennbar von der Person des Täters. Die Strafe ist damit keine Vergeltung der Tat, sondern sie ist »Prävention durch Repression« (von Liszt 1968, 39), die sich an der Persönlichkeit des Täters und seiner Gesinnung orientiert (von Liszt 2011, 231). So erklärt sich, warum von Liszt für die Sicherungsverwahrung von als gefährlich eingestuften Tätern selbst nach Verbüßung ihrer eigentlichen Strafe argumentiert.

An dieser Stelle lässt sich wiederum ein aktueller Bezug herstellen. Die Sicherungsverwahrung wurde in Deutschland am 24. November 1933 als »Gesetz gegen gefährliche Gewohnheitsverbrecher« von den Nationalsozialisten eingeführt. Sie besteht in abgemilderter Form bis heute fort und wurde vom Europäischen Gerichtshof für Menschenrechte (EGMR) dafür gerügt, dass sie eine Strafe verhängt, ohne dass eine neue Straftat begangen wurde. Dies widerspricht Artikel 7 »Keine Strafe ohne Gesetz« der Europäischen Menschenrechtskonvention (Art. 7, EMRK). In einem Urteil vom 7. Januar 2016 hat der Europäische Gerichtshof für Menschenrechte jedoch spezifiziert, dass die Sicherheitsverwahrung in Verbindung mit Therapieangeboten, durch die sie sich wesentlich von den gewöhnlichen Haftbedingungen unterscheide, nicht als »Strafe« zu werten sei (EGMR, 07.01.2016 – V 23279/14).

In seinem wenige Jahre nach dem Marburger Programm erschienenen Aufsatz »Die deterministischen Gegner der Zweckstrafe« (1893) bezieht von Liszt Stellung in der Determinismusdebatte. Diese dreht sich um die Frage, ob ein Mensch schuldig sein kann, wenn sein Handeln durch äußere oder innere Gründe determiniert wird (vgl. Kap. 3). Hieraus ergeben sich Konsequenzen für das Strafrecht, weil die Straftheorie klassischerweise auf der Annahme fußt, dass der Täter oder die Täterin auch anders hätte handeln können. Nach von Liszt ist ein Schuldbegriff, der auf ebendieser Prämisse basiert, dagegen unhaltbar. Vielmehr bedürfe es einer Schuldkonzeption, welche deterministische Theorien mit der Zweckorientierung des Strafrechts vereinbar mache. Relevant für Verantwortung im strafrechtlich bedeutsamen Sinne sei allein die Frage, ob eine Person durch Motive bestimmbar sei, also empfänglich für die durch die Strafe bezweckten Motive (von Liszt 2011, 226). Wenn eine Person für solcherlei Motive nicht ansprechbar sei, könne sie auch nicht als zurechnungsfähig gelten und dürfe nicht bestraft, sondern müsse vielmehr medizinisch behandelt werden.

Von Liszts »alternativer Schuldbegriff« ist deckungsgleich mit der Verantwortlichkeit einer Person für ihre Tat, die sich wiederum daraus ergibt, ob eine Person eine Straftat *vorsätzlich* oder *fahrlässig* begangen hat. Dieser Schuldbegriff impliziert im Gegensatz zu anderen Schuldbegriffen nicht die Option, dass eine Person auch anders hätte handeln können. Insofern ist er prinzipiell mit dem Determinismus versöhnbar. Der Determinismus wiederum schließt die Möglichkeit aus, die Strafe auf der Basis der Vergeltung zu rechtfertigen. Deshalb bleibe dem Deterministen nur eine Möglichkeit, die Strafe zu rechtfertigen, behauptet von Liszt, nämlich durch »ihre Notwendigkeit für die Aufrechterhaltung der Rechtsordnung. Ihm kann und darf die Strafe nichts anderes sein als ein *Schutzmittel* für die Gesellschaft.« (Ebd.,

230) Die mit dem Determinismus kompatible Straftheorie sei demnach die bereits eingeführte »Zweckstrafe« (ebd.).

Strafgesetze folgen für von Liszt, der sich mit seiner Straftheorie als Rechtswissenschaftler und Politiker gleichermaßen zu etablieren versuchte, gesellschaftlichen Zwecken. Entsprechend sind Strafen flexibel auszugestalten und je nach kriminalpolitischen Erwägungen zu modifizieren. Kriminalpolitik unterscheidet sich von Sozialpolitik insofern, als Letztere die sozialen Übel zu beseitigen sucht, welche einer Straftat häufig zugrunde liegen. In diesem Sinne kann eine gute Sozialpolitik dazu beitragen, die Tatbestände innerhalb des Strafrechts zu reduzieren, wenn sie eigenständig dazu in der Lage ist, einzelne Rechtsgüter zu schützen (Roxin 1969, 620). Die von der Kriminalpolitik verfassten Strafgesetze orientieren sich demnach subsidiär an jenen Rechtsgütern, die sich anders nicht schützen lassen. Sie greifen nur dann, wenn sich Rechtsgüter nicht anders absichern lassen. Der Schuldspruch auf der Basis dieser Strafgesetze erfolgt dagegen durch den Richter, also die Judikative. Bei der Schuldzumessung, und dies ist eine der logischen Konsequenzen des spezialpräventiven Ansatzes von Liszts, sind damit auch Erwägungen darüber miteinzubeziehen, wie sich der Gestrafte im Vollzug entwickelt. Je nach Erreichen oder Nicht-Erreichen der Strafzwecke sollen Vertreter des Strafvollzugs demnach über die Milderung bzw. über zusätzliche oder nachträglich verordnete Strafen (wie die Sicherheitsverwahrung) verfügen können. Damit fordert von Liszt bereits im Jahr 1893, was Michel Foucault 1975 in *Überwachen und Strafen* kritisch als die wachsende »Strafsouveränität« der Vollzugsbeamten diagnostizieren wird (1994, 317).

Aufgrund der flexiblen Anpassung des Strafens an gesellschaftspolitische Ziele verzeichnet Wolfgang Naucke bei von Liszt auch eine »Politisierung des Strafrechts« (1982, 536). Zum hundertsten Jubiläum des Marburger Programms fordert Naucke eine kritische Bestandsaufnahme von dessen Strafrechtstheorie. Diese sei nämlich weitaus weniger sozialliberal, als es viele Interpreten gern sehen würden. Damit wendet sich Naucke gegen die Interpretation von führenden Rechtswissenschaftlern wie Claus Roxin, der in der großen Strafrechtsreform in Deutschland von 1969 eine Fortsetzung des Alternativentwurfs der Liszt'schen Schule sieht (Roxin 1969). Eine Strafrechtstheorie, welche die Strafe den jeweiligen politischen Erwägungen anpasst, so wendet Naucke ein, laufe Gefahr, sich instrumentalisieren zu lassen, den jeweiligen Status quo zu legitimieren, ohne Kriterien zur Verfügung zu stellen, ob die jeweiligen Strafen besseren oder schlechteren Zielen folgten: »Der ›Zweckgedanke im Strafrecht‹ führt zu einer deutlichen Verquickung von aktueller Innenpolitik und Strafe, knüpft den Inhalt des Strafrechts an die jeweils herrschende politische Richtung.« (Ebd., 563) Es stellt sich folglich die Frage, ob Kriminalpolitik, Strafrecht und Sozialpolitik stärker einander begrenzende oder ergänzende Funktionen übernehmen sollten. Anders ausgedrückt: ob das Recht der Politik Schranken setzt oder ob das Recht flexibel eingesetzt werden darf, um den im politischen Prozess formulierten Zielen besser zu dienen. Die zunehmende Einführung von strafrechtlichen Sanktionen in immer mehr Politikbereichen (wie der Umweltpolitik, der Finanzpolitik oder der Regulierung von Doping im Sportbereich), um politisch bestimmte Ziele durchzusetzen, zeugt von der fortschreitenden Brisanz dieser Fragestellung (Bommarius 2016).

2.2 Strafe als Garant gesellschaftlicher Solidarität (Durkheim)

Die sozialen Funktionen des Strafens zu beschreiben bedeutet, sie auf ihre gesellschaftliche Relevanz und ihre Notwendigkeit hin zu befragen. Als einer der Begründer der Soziologie als Wissenschaft gilt Émile Durkheim (1858–1917). Sein Forschungsinteresse galt dem Verhältnis zwischen der Sozialstruktur und dem Individuum. Er war einerseits stark vom Marxismus beeinflusst, hegte zugleich aber ein Interesse für die kulturellen, symbolischen und moralischen Formen, in denen materielle Verhältnisse sich verdichten und die sie wiederum reproduzieren, beispielsweise im Gewand der Religion. Eine weitere geistige Bezugsgröße im Denken Durkheims war Auguste Comte, Philosoph und Mathematiker, der als Begründer des Positivismus gelten kann und sich als Vertreter der Wissenschaftstheorie (Epistemologie) einen Namen gemacht hat. Durkheim wendet sich in seiner »Soziologie des Strafens« (Garland 1990, 23) sowohl gegen eine transzendentale Begründung des Strafens im Rahmen der Moralphilosophie, wie sie von Kant formuliert wurde, als auch gegen utilitaristische Rechtfertigungen des Strafens, die von Autoren wie Cesare Beccaria und Jeremy Bentham entwickelt wurden. Vielmehr möchte er die sozialen Motive und strukturellen Funktionen der Strafe herausarbeiten. In seiner Studie *Über die soziale Arbeitsteilung* (1893) widmet sich Durkheim dem Thema der Solidarität im Vergleich zwischen traditionellen, segmentären und modernen, arbeitsteiligen Gesellschaften. Er wählt einen historisierenden Zugang, der sich stark an der Genese europäischer Nationalstaaten orientiert. Immer wieder operiert Durkheim mit Analogien aus dem Bereich der Biologie, um gesellschaftliche Phänomene zu erklären. Zwar betont er, rein deskriptiv soziale Fakten darlegen zu wollen, nimmt dabei jedoch immer wieder eine wertende Haltung ein, die über die reine Beschreibung hinausgeht. So identifiziert er im Zuge der Arbeitsteilung entstehende gesellschaftliche »Pathologien«, die den Menschen schaden, wie beispielsweise die soziale Ungleichheit. Durkheim zieht aus seiner Analyse der modernen arbeitsteiligen Gesellschaft die Konsequenz, dass es einer neuen

Moral bedürfe, um diesen Anomien entgegenzuwirken. Niklas Luhmann resümiert Durkheims Forderung deshalb etwas mokant: »Der Soziologe, der sich über das erheben wollte, was die Moralisten aus ihren Prinzipien herleiten, wird am Ende selbst zum Moralisten.« (2012, 28)

Die Hauptthese von *Über die soziale Arbeitsteilung* lässt sich auf die Erkenntnis zuspitzen, dass sich in arbeitsteiligen Gesellschaften im Vergleich zu segmentären, ländlich-indigenen Kontexten die soziale Solidarität von der Arbeitsteilung ableitet. Das sichtbare Symbol der Solidarität ist das Recht. Anhand der Analyse des Rechts lässt sich die Entwicklung des moralischen Bewusstseins einer Gesellschaft untersuchen. Je stärker sich die Solidarität festigt, desto größer werden die sozialen Kooperationsbeziehungen zwischen den Bürgern, die sich dann wiederum in einer erhöhten Zahl der sie regulierenden Rechtsregeln manifestieren (Durkheim 2012, 111–112). Die Gesellschaft operiert wie ein komplexer biologischer Organismus, der verschiedene Funktionen des jeweiligen Körpers so regelt, dass diese harmonisch miteinander agieren: Es entsteht »organische Solidarität«. Während in religiös ausgerichteten, traditionellen Gesellschaften gemeinsame Glaubensüberzeugungen und Gefühle das Kollektivwesen prägen, bildet in den industrialisierten Nationen die Arbeitsteilung das Bindeglied einer sich stets weiter ausdifferenzierenden Gesellschaft. Dabei ergeben Individuierung und Solidarisierung kein Gegensatzpaar, sondern verschränken sich in einer neuen Form: »Diese Solidarität ähnelt jener, die man bei den höheren Tieren beobachten kann. Jedes Organ hat dort seine eigene Physiognomie und seine Autonomie, und trotzdem ist die Einheit des Organismus um so größer, je stärker die Individualisierung der Teile ausgeprägt ist. Aufgrund dieser Analogie schlagen wir vor, die Solidarität, die sich der Arbeitsteilung verdankt, organische Solidarität zu nennen.« (Ebd., 183)

Strafen dienen nach Durkheim grundsätzlich dazu, Solidarität zu schaffen, indem sie die Abweichung von identitätsstiftenden moralischen Gefühlen hart sanktionieren. In traditionellen Systemen der sogenannten »mechanischen Solidarität«, die auf der Homogenität des Gemeinwesens fußte, wurden Strafen dafür eingesetzt, jeglichen Bruch mit den gesellschaftlichen Regeln zu unterdrücken. In modernen Gesellschaften werden sie dagegen zunehmend durch *restitutive Sanktionen*, also Formen der Wiedergutmachung und der Wiederherstellung eines ausgewogenen Zustandes, ersetzt.

Eine kriminelle Handlung zeichnet sich nach Durkheim nicht dadurch aus, dass sie intrinsisch schlecht ist oder einen objektiven Schaden in der Gesellschaft anrichtet. Kriminell ist vielmehr, was die moralischen Gefühle einer Gemeinschaft verletzt: »Wir verurteilen sie [die Tat] nicht, weil sie ein Verbrechen ist, sondern sie ist ein Verbrechen, weil wir sie verurteilen.« (Ebd., 130) Das *conscience collective* bildet die moralische Ordnung einer Gemeinschaft. Ihr lebendiger Ausdruck ist die Regierungsgewalt. Die Regierung schafft jedoch selbst zusätzlich dort Verbrechen, wo das Kollektivbewusstsein noch gar nicht verletzt wurde, und setzt dadurch neue gesellschaftliche Regeln. Eine Gemeinschaft bedarf demnach der Verbrechen, um eine moralische Ordnung zu erneuern und zu erhalten. Schließlich bestätigt jede Sanktion die Existenz einer Norm. Ist eine Regel erst einmal gesetzt, kann bei ihrer Überschreitung die moralische Empörung erfolgen und erzeugt so ein Gemeinschaftsgefühl zwischen den Bürgern. Dieser Mechanismus, der sich im Rahmen der mechanischen Solidarität entwickelt hat, besteht Durkheim zufolge auch in der Moderne in kaum veränderter Form fort. Auch wenn das moderne Strafrecht vorgibt, den leidenschaftlichen Impuls der Strafe durch Rechtsnormen zu begrenzen, bleibt diese latente Funktion erhalten (Gephart 1990,

113). In ihrem tiefsten Grund ist und war die Strafe ein Moment der Rache und der Vergeltung, getrieben von einem leidenschaftlichen Aufschrei der Bürger: »Die Leidenschaft ist aufgeklärter [...]. Aber sie bleibt dennoch die Seele der Strafe.« (Durkheim 2012, 139–140) Besserung und Prävention sind infolgedessen gesellschaftliche Rhetoriken zur öffentlichen Rechtfertigung der Strafe. Doch worauf die Strafe eigentlich zielt, ist die Vergeltung der Verletzung jener Normen, die das Gemeinwesen und dessen moralische Ordnung ausmachen.

Im Gegensatz zu den repressiven Sanktionen, wie sie für segmentäre Gesellschaften charakteristisch sind, besteht das Restitutionsrecht in der »Wiederherstellung des ursprünglichen Zustands« (ebd., 162). Es manifestiert sich Durkheim zufolge im Vertragsrecht, Handelsrecht, Familienrecht, Prozessrecht, Verwaltungsrecht und dem Verfassungsrecht und gewinnt in arbeitsteiligen Gesellschaften sukzessive an Bedeutung. Der Verlierer in einem Prozess im Rahmen des Restitutionsrechts ist nicht gebrandmarkt. Das Ziel restitutiver Mechanismen ist demnach in Abgrenzung zur Strafe nicht mehr die Sühne, sondern die Affirmation des Rechts. In modernen Gesellschaften ist es also weniger das Kollektivbewusstsein, das durch eine Normverletzung infrage gestellt wird, eben weil der Zusammenhalt nicht mehr primär auf der Homogenität der Gesellschaft fußt. Das Kooperativrecht nimmt hier, prophezeit Durkheim, den Platz des Strafrechts ein und vermittelt als öffentliche Instanz zwischen privaten Interessen. Dennoch existiert auch die Strafe fort und behält in abgemilderter Variante ihre soziale Funktion: als Bewahrer der Moral einer durch Individualismus und Freiheit geprägten Gesellschaft.

In seinem acht Jahre nach *Über die moderne Arbeitsteilung* veröffentlichten Aufsatz »Deux lois de l'évolution pénale« (dt.: »Zwei Gesetze der Strafrechtsentwicklung«, 1899/1900) spezifiziert Durkheim seine Straftheorie mithilfe von zwei Regeln, welche seine These der zunehmenden, quasi-evolutionären Ablösung des Strafrechts durch das Kooperationsrecht leicht modifizieren. Das erste ist das *Gesetz der quantitativen Veränderung*. Ihm zufolge ist die Bestrafung in ihrer Intensität milder, je entwickelter eine Gesellschaft ist; sie verhärtet sich jedoch, je mehr eine Regierung absolutistische Züge annimmt. Der eine Faktor kann durch den anderen durchaus neutralisiert werden. Beispielsweise kann sich eine relativ »entwickelte« Gesellschaft weiterhin durch ein repressives Strafrecht auszeichnen. So war das traditionelle hebräische Recht vergleichsweise milde, weil die Regierung nie einen dauerhaften absolutistischen Machtanspruch etablieren konnte (Durkheim 1992, 27). Dagegen waren die europäischen Regierungen im 17. Jahrhundert zum Zeitpunkt des Gipfels an absolutistischer Herrschaft auch das Zeitalter der größten Repression. Der Grund hierfür besteht darin, dass absolutistische Regierungen jegliches Handeln gegen den Staat als eine Art Majestätsbeleidigung deuteten, die einem Sakrileg gleichkam. Durkheim unterscheidet für analytische Zwecke zwischen religiöser und menschlicher Kriminalität: Erstere richtet sich gegen die Religion, während sich Letztere wie im Fall von Mord, Diebstahl oder Betrug gegen Individuen wendet. In indigenen Völkern werden Durkheim zufolge Verbrechen als religiöse Frevel gegen die durch Glaubenssätze stabilisierten Normen gedeutet, während sie in modernen Staaten als Verbrechen zwischen Menschen verstanden werden. Eine Tat gegen einen Menschen erregt jedoch nicht den gleichen Grad an moralischer Empörung wie das Vergehen an einer göttlichen Autorität. Letzteres wird folglich gewaltvoller unterdrückt. Während es plausibel erscheint, zur Wiederherstellung der göttlichen Ordnung die Würde eines Menschen zu verletzen, sei es schlicht widersprüchlich, im Namen der Würde des Menschen einen Menschen durch die Strafe in seiner Würde zu erniedrigen. Die Kriminalität erzeugt aus dem Blickwinkel des Humanismus daher folgende Dialektik: Die moralischen Gefühle regen sich einerseits angesichts des Verbrechens, während andererseits auch Empathie für den Verbrecher entsteht, sobald er bestraft wird (Garland 1990, 38). Demnach muss die Bestrafung von Verbrechen zwischen Menschen milder ausfallen, als es bei religiöser Kriminalität der Fall gewesen ist (Durkheim 1992, 41–42).

Das *Gesetz des qualitativen Wandels* im Strafrecht besagt zudem, dass sich mit der zunehmenden ökonomischen Entwicklung im Sinne der Arbeitsteilung der Freiheitsentzug als dominantes Bestrafungsmittel durchgesetzt hat. Während bis ins späte 18. Jahrhundert das Wegsperren vornehmlich dazu dient, Täter an der Flucht vor ihrer eigentlichen Bestrafung zu hindern (oder nur bei Mitgliedern niedrigerer Gesellschaftsgruppen angewendet wurde), wird der Freiheitsentzug im späten 18. Jahrhundert erstmals als eine genuine Form der Bestrafung entdeckt. Er ersetzt sukzessive die Todesstrafe. Während in Frankreich die Internierung anfänglich mit weiteren Bestrafungsmaßnahmen wie Ankettung oder Mangelernährung einherging, blieb seit der Strafrechtsreform (*Code pénal*) von 1810 nur noch die Zwangsarbeit als zusätzliche Sanktion übrig. Zunehmend ersetzt der Freiheitsentzug nun Folter und Tötung. Das regulierende Strafmaß wird die Zeit, die eine Person in Gefangenschaft verbringen muss.

Den Grund hierfür identifiziert Durkheim zunächst in der zunehmenden Individuierung der Verantwortung. In kollektivistischen Gesellschaften war es widersinnig, den Täter oder die Täterin einzusperren, weil es stets andere Mitglieder der Familie gab, die für jene Person hafteten. Bei einer Flucht war die Gemeinschaft in Sippenhaft. Erst mit der Zentralisierung von Herrschaft in Massengesellschaften konnte durch Freiheitsentzug verhindert werden, dass eine Person ihrer Bestrafung entging. Zudem mussten zunächst die architektonischen Voraussetzungen für die Gefangennahme geschaffen werden. Die ersten Gefängniszellen entstanden innerhalb von Palastbauten, unweit von Tempeln, in Schutzwällen oder ähnlichen Gebäuden in der Nähe der Regierungsgewalt. Sobald diese physischen Voraussetzungen für die Internierung geschaffen waren, folgte Freiheitsentzug als neues Mittel der Repression.

Durkheim beendet seinen Essay über die Entwicklungsgesetze der Strafe mit der Prophezeiung, dass sich zwar dasjenige, was Menschen als kriminelle Handlungen ansehen, beständig verändern, sich der Mechanismus der Repression hingegen stets in neuem Gewand fortsetzen werde. Dies lasse sich auch an der »Krise« ablesen: und zwar lebten die strafrechtlichen Institutionen rein aus Gewohnheit fort, auch wenn sie dem Moralbewusstsein der Zeit nicht mehr wirklich entsprächen. Neue, angemessenere Sanktionsformen müssten erst noch geboren werden (ebd., 47).

In seinem späteren Werk *Die Regeln der soziologischen Methode* (1895) eröffnet Durkheim bereits einen visionären Blick auf eine neue Form der Kriminologie. Diese basiert auf der Annahme, dass jede moralische Ordnung veränderbar sei und sich stets fortentwickeln müsse (Durkheim 1965, 158–159). Aus diesem Blickwinkel heraus erscheint der Verbrecher wie der Vorbote einer zukünftigen Moral, der mit den bestehenden Normen bricht. Als Beispiel für eine gesellschaftlich progressive Normverletzung führt Durkheim Sokrates an, der mit seinen philosophischen Lehren über das gute Leben die moralischen Gefühle seiner Athener Zeitgenossen verletzte. Er war dem durchschnittlichen kulturellen Bewusstsein seiner Mitbürger voraus und bereitete den Weg hin zu einer neuen Moral (Durkheim 1965, 160). Aus diesem Blickwinkel heraus sind Gesetzesbrecher nicht einfach moralische Delinquenten. Vielmehr können sie eine zentrale Funktion innerhalb einer Gesellschaft einnehmen: Sie stellen die stabilisierten Normen infrage. Ihre Handlungen sind deswegen nicht zwingenderweise als »pathologisch« einzustufen, sondern können moralischen Fortschritt bewirken.

Welchen Beitrag kann allerdings eine Soziologie des Strafens leisten, wenn die Norm nicht notwendigerweise normativ ist? Die Rolle der Soziologie als Wissenschaft, so Durkheim, beschränke sich darauf, dasjenige als »normal« zu etikettieren, was allgemein verbreitet sei. Was dagegen wünschenswert ist, folgt anderen Kriterien. Erneut wählt er hierfür eine nicht ganz unproblematische Metapher, die eine Parallele zwischen Biologie, Politik und Moral zieht: Eine wünschenswerte Norm ist diejenige, welche für die Bevölkerung »gesund« ist. Der Staatsmann muss demnach wie ein Arzt agieren: Er kuriert das Pathologische und dämmt seine Ausbreitung ein (Durkheim 1965, 161–164).

In seinen Vorlesungen über die moralische Erziehung aus den Jahren 1902 bis 1903 an der Sorbonne bietet Durkheim eine weitere Deutung an: Strafen können zwar eine moralische Ordnung aufrechterhalten, sie jedoch nicht selbständig erschaffen (Durkheim 1984; Garland 1990, 41–46). Die pädagogische Bestrafung mildert den Verfall der Disziplin von Kindern ab. Die Semiotik der Strafe ist demnach ein expressiver kommunikativer Akt, welcher verdeutlicht, was moralisch richtig ist (Durkheim 1984, 206–207). Es wäre infolgedessen auch möglich, Strafen auf ihren expressiven Charakter zu reduzieren und dabei so wenig Schmerz wie möglich zu verursachen: »Das Wesentliche der Strafe ist der Tadel. [...] Alles, was in der Strafe nicht diesem Zweck dient, alle Strenge, die nicht diese Wirkung hat, ist schlecht und muß verboten werden.« (Ebd., 220–221) Übertragen auf das Strafrecht würde dies bedeuten, dass der Urteilsspruch bereits die volle Funktion der Strafe in ihrer expressiven Dimension übernimmt, ohne dass notwendig eine Sanktion folgen muss (Günther 2002). Durkheims Theorie der Strafe mündet schließlich in eine Vision, wie sie als Sanktion auf ein Minimum reduziert werden könnte.

Kritisch lässt sich zu Durkheims idealtypischer Charakterisierung der gesellschaftlichen Funktion und Genese der Strafe anmerken, dass sich die Dichotomien von »primitiven« und »modernen« Gesellschaften, von mechanischer und organischer Solidarität empirisch nur schwer nachweisen lassen. So können segmentäre Gesellschaften durchaus über eine komplexe Arbeitsteilung verfügen. Darüber hinaus waren und sind in vielen indigenen Gemeinschaften Formen der Restitution durchaus geläufige Praktiken zur Wiederherstellung von Gerechtigkeit (vgl. Kap. 4, Exkurs zu Ubuntu). Und in gegenläufiger Richtung lassen sich in modernen Strafrechtssystemen industrialisierter Staaten durchaus verstärkt punitive Tendenzen verzeichnen (Garland 2001). Der kulturelle Konformismus der Massengesellschaft ist nicht weniger davor gefeit, Abweichung durch Bestrafung zu stigmatisieren, als es dörfliche Gemeinschaften sind und waren (Thompson 2002, 90).

Zudem kann Durkheims Modell analytisch-deskriptiv folgende Aspekte nicht erklären: zunächst, warum unterschiedliche (einander oppositionelle) politische Kräfte einander entgegengesetzte Haltungen zum Strafrecht verteidigen, sei es im Sinne einer Liberalisierung oder einer Verschärfung strafrechtlicher Sanktionen. Schließlich ignoriert Durkheim die Machtbeziehungen innerhalb indigener wie auch sich modernisierender Gesellschaften, die das Recht und auch das staatliche Gewaltmonopol zu Gegenständen gesellschaftspolitischer Auseinandersetzungen machen (Hudson 2003, 103). Er übersieht dabei außerdem den durch das Geldwesen überformten Begriff von Arbeit, welcher die sozialen Beziehungen der Menschen untereinander prägt (Luhmann 2012, 35). Schließlich kann Durkheims funktionalistisches Modell auch nicht erklären, wie unterschiedliche soziale Gruppen je nach Klasse, Geschlecht oder Herkunft unterschiedliche Einstellungen zur Kriminalität hegen, die nicht zuletzt auf eine selektive Anwendung des Strafrechts je nach Gruppenzughörigkeit zurückzuführen sind (Cotterrell 1999, 73).

Trotz dieser Schwächen bleibt Durkheims methodologischer Zugriff auf die Strafe sozialdiagnostisch aufschlussreich, da er die Strafe nicht von ihren Rechtfertigungen herzuleiten sucht, sondern sie als soziale Praxis begreift, die über ihre vermeintliche Funktion hinaus andere Ziele verfolgt, die einer eigenständigen Analyse bedürfen. Die Differenzen zwischen diesen sozialen Zielen und den Narrativen der Rechtfertigung des Strafens können zu interessanten Ausgangspunkten gesellschaftskritischer Reflexion werden.

2.3 Strafgerechtigkeit als sublimierte Grausamkeit (Nietzsche)

Wie sich das Denken Friedrich Nietzsches zur Strafe verhält, das lässt sich auf vielerlei Art und Weise erzählen. Manch ein Interpret lobt sein psychologisches Feingefühl (Straube 2012), andere verweisen auf den soziologischen Gehalt seiner Beobachtungen (Gerhardt 1988). Darüber hinaus gibt sich bei dieser Frage auch der Altphilologe Nietzsche zu erkennen, der der Etymologie von Begriffen nachspürt, ihre Historie freilegt und das Charakteristische im Ursprung eines Konzepts sucht. Letztlich ist Nietzsche aber auch der Denker der Macht, für den Recht ein Ausdruck der jeweiligen gesellschaftlichen Machtverhältnisse darstellt – was ihn sogar in die Nähe der US-amerikanischen Critical Legal Studies der Nachkriegszeit rücken lässt (Gearey 2000).

Auf einer diskursiven Ebene hebt Nietzsche hervor, dass Moral ein Effekt sprachlicher Zuschreibungen von »gut« und »böse« ist und dekonstruiert jegliche normative Rechtfertigung für das Strafen, wie sie von seinen Zeitgenossen unternommen wurde, indem er ihren Zweck zugleich als kontingent ausweist. Schließlich lässt sich in ihm auch ein radikaler Abolitionist entdecken (Bung 2007) und ein Vordenker der Kritik an der Disziplinargesellschaft (Foucault 1994). Historisch ausblenden darf man jedoch auch nicht den Missbrauch Nietzsches durch die Vertreter der nationalsozialistischen Rechtstheorie, denen er Gedankenfragmente lieferte, die für eine faschistische Weltsicht durchaus anschlussfähig waren (hierzu Gschwend 1999, 322–326; Petersen 2008, 142–143).[2]

Besonders reizvoll an Nietzsches Theorie über das Strafen ist, dass sich aus seinem wilden, heterodoxen und zum Teil »gefährlichen« Denken die unterschiedlichsten Wege der Kritik am Strafen ableiten lassen, deren Spuren bis in die Gegenwart reichen. Seine Denkbewegungen liefern Impulse zu radikaler Kritik an Recht, Moral und den gerechtigkeitstheoretischen Fundierungen des Strafens. Lange Zeit unbeachtet und in den Rechtswissenschaften als »praxisuntauglich« verworfen, wird Nietzsche selbst dort zunehmend wiederentdeckt (Petersen 2008, 133). Der Rechtsphilosoph Jochen Bung fordert gar, er solle neben Denkern wie Franz von Liszt, P.J.A. von Feuerbach und G.W.F. Hegel ins strafrechtliche Standardrepertoire aufgenommen werden (Bung 2007, 121).

Friedrich Nietzsches Leben ist von seinem Grenzgängertum geprägt: ein Wanderer zwischen institutionellem und außerinstitutionellem Leben, zwischen scharfsinniger Klarsicht und narzisstischem Wahn, zwischen literarischem Gestus und philosophischem Argument. Er wird 1844 in Röcken in eine Pfarrerfamilie hineingeboren. Als junger Mann studiert er zunächst Theologie, dann Philologie in Bonn, wechselt später nach Leipzig und tritt bereits 1869 seinen ersten Lehrstuhl in Basel an. Auf eigenen Wunsch hin wird er zehn Jahre später frühzeitig aus seinem Dienst entlassen und publiziert von nun an frei, bevor er im Januar 1879 in einen Zustand »geistiger Umnachtung« verfällt und zum Pflegefall von Mutter und Schwester wird (Seibert 2009, 28).

Seine Ausführungen zur Strafe und zu Fragen der Gerechtigkeit finden sich an den verschiedensten Stellen seines Werks. Für eine kurze Darstellung konzentriert sich dieses Kapitel auf zwei zentrale Texte: die Aphorismen *Menschliches, Allzumenschliches. Ein Buch für freie Geister* (1878), die in Nietzsches sogenannte kritische Phase fallen, und *Zur Genealogie der Moral* (1887), eine polemische Streitschrift aus seinem Spätwerk, die er innerhalb von nur drei Wochen zu Papier gebracht haben soll. Die *Genealogie* zeugt von einem interdisziplinären Zugriff auf die Praxis des Strafens, der sich philologischer, rechtsphilosophischer, historischer und ethnografischer Methoden bedient. In dieser Spätphase ist Nietzsche äußerst produktiv und verfällt zugleich zunehmend seinem Wahn. In der Vorrede zur *Genealogie* schreibt er, es handele sich hierbei um eine Weiterentwicklung von Gedanken, wie er sie bereits in *Menschliches, Allzumenschliches* skizziert habe (GdM II/2, 248).

Im Zuge seiner Untersuchung der Moralentwicklung argumentiert Nietzsche, dass die Funktion eines moralischen Wertes oder einer Praxis keineswegs mit deren ursprünglicher Rolle gleichzusetzen sei (Brusotti 2000, 124–125). Der Mensch neige vielmehr dazu, diese zu vergessen und ihr im Nachhinein Zwecke unterzuschieben, die ihre Genese rechtfertigen sollen. Unser Bedürfnis nach Strafe sei etwas Krankhaftes, das seinen eigentlichen Grund verdränge. Nietzsche will sich deshalb auf eine »Pathogenese« unseres Strafbedürfnisses konzentrieren (Bung 2007,

126), also auf die Erklärung der Gründe des Fortlebens einer grausamen und gewaltbeladenen Praxis.

Der Ursprung der Strafe liegt Nietzsche zufolge in einem ökonomischen Vertragsverhältnis, und zwar in dem zwischen Schuldner und Gläubiger. Schuld kommt etymologisch von »Schulden«. Als Pfand für das geliehene Geld bietet der Schuldner seinen eigenen Körper, dem im Fall der Zahlungsunfähigkeit Schmerz zugefügt werden darf – so konnte »der Gläubiger dem Leibe des Schuldners alle Arten von Schmach und Folter anthun, zum Beispiel so viel davon herunterschneiden als der Grösse der Schuld angemessen schien« (GdM II/5, 299). Diese Form der Verpfändung des eigenen Leibes basiert auf dem Verlangen nach Äquivalenz zwischen Schuld und Strafe; dem Leiden-machen eines anderen als Kompensation für den eigenen Verlust. Schließlich ist Schmerzzufügung Nietzsche zufolge eine Lust, die nur der moderne Mensch gänzlich zu sublimieren versteht: »Leiden-sehn tut wohl, Leiden-machen noch wohler« (GdM II/6, 302), ein »harter Satz«, zugleich »menschlich, allzumenschlich« und uralt (ebd.). Vor nicht allzu langer Zeit ließen sich fürstliche Hochzeiten und Volksfeste nicht ohne Hinrichtungen und Folter denken (ebd., 301). Der Genuss, das Leiden anderer zu betrachten, potenziert sich Nietzsche zufolge noch dann, wenn der Gläubiger niedrigen gesellschaftlichen Ranges sei und nun jemand Höhergestellten unter sich betrachten und verachten dürfe – oder diesen zumindest durch eine dritte Instanz misshandelt sieht. In geistig rationalisierter Form lebt dieser Genuss selbst im aufgeklärten Menschen des 19. Jahrhunderts fort. Strafen ist demnach ein beständiger Rückfall in die Barbarei. Und selbst Kants kategorischer Imperativ, welcher die Lust am Strafen in ein moralisches Gewand kleide, »rieche« weiterhin nach ebendieser Grausamkeit. Sie sei lediglich eine »Vergeistigung« des Gegengenusses, der Qual des Schuldigen, des Fests,

»seine Macht an einem Machtlosen unbedenklich auslassen zu dürfen« (GdM II/5, 299–300).

Der Prozess der Sublimierung ist Nietzsche zufolge zugleich ein Prozess der Umlenkung der Instinkte: der Selbstunterwerfung, der Selbstgeißelung und der Verinnerlichung nicht ausgelebter Triebe. Das hieraus resultierende Schuldempfinden bestimmt er als »Krankheit«, welche die Lebenskräfte des Menschen hemmt. Wer hier eine Nähe zwischen Sigmund Freuds Thesen zur Triebsublimierung und Nietzsche erkennt, liegt nicht falsch. Freud hat sich angeblich nach der *Genealogie der Moral* weitere Nietzsche-Lektüren verboten, aus Angst, seine eigenen Thesen würden darin vorweggenommen (Bung 2007, 127). In der Tat weisen Nietzsches Ideen zur Sublimierung eine erstaunliche Nähe zu psychoanalytischen Ansätzen auf.

Die ursprüngliche Praxis des Strafens hat neben diesen psychologischen Effekten folgende gesellschaftliche Funktion: Sie soll den Menschen, das »Tier des Vergessens«, zu einem kalkulierbaren, berechenbaren Wesen machen, welches Versprechen zu geben und sie auch einzuhalten vermag. Das Vergessen war durchaus ein Merkmal der Gesundheit des Menschen, für seine Fähigkeit, ohne Gewissensbisse rein in der Gegenwart zu leben, voll Heiterkeit, Glück und Hoffnung (GdM II/1, 292). Um Verträge zu schließen und überhaupt einen Gesellschaftsvertrag eingehen zu können, bedarf es jedoch eines Menschen, der nicht vergisst, was er einst zugesagt hat. Um die Regeln einer Gemeinschaft lebendig zu erhalten, werden sie ihm durch die »Mnemotechnik« eingeschärft: »Man brennt Etwas ein, damit es im Gedächtniss bleibt: nur was nicht aufhört, wehzuthun, bleibt im Gedächtniss.« (GdM II/3, 295) Die Strafe schreibt sich also in den Körper ein, und der beständige Schmerz soll den Menschen an die verletzte Regel erinnern. Strafe ist demnach eine Sanktion gegen den Vertragsbruch entweder an einem Einzelnen (im

Gläubiger-Schuldner-Verhältnis) oder aber am Gemeinwesen (in Form des Gesellschaftsvertrages), welche dem Gestraften die Regeln des Vertrages einverleiben soll.

Als Reaktion auf diesen Vertragsbruch erfolgt seitens der verletzten Partei eine »Affekt-Compensation«, für die das Ritual der Strafe genutzt wird, um das verloren gegangene Gleichgewicht wiederherzustellen (GdM II 13, 317). Die Strafgerechtigkeit ist demnach rein reaktiv und folgt dem Impuls nach »Rache«. Einst war sie schonungsloses Kriegsrecht, indem sie den Schädiger maßlos dem Zorn des Geschädigten auslieferte. Die Rechtsform zivilisiert die Rache, indem sie als Maß die Äquivalenz zwischen Verbrechen und Strafe im Sinne des Talionsrechts (vgl. 1.2 Exkurs) festschreibt.

Die Praxis des modernen staatlichen Strafens ist Nietzsche zufolge erst im Nachhinein mit Strafzwecken ausgestattet worden, um sie ex post zu legitimeren und sie kognitiv zu erklären: im Sinne der Vergeltung, der Prävention, der Besserung, der Reparation usf. (GdM II/14, 317–318). Das Ritual der Strafe, ihre Dramaturgie und die mit ihr verbundenen Kulte sind in der Menschheitsgeschichte dagegen das Dauerhafte. Ihr Zweck ist das »Flüssige«, das sich im Laufe der Geschichte wandelt und sich stets auf neue Weise als der eigentliche Ursprung und Grund der Strafe gebärdet (GdM II/13, 316).

Die Strafgesetze, welche bestimmen, was überhaupt strafwürdig ist, ergeben sich aus demjenigen, was dem Menschen fremd, seltsam und ungeheuerlich erscheint (Petersen 2008, 119). Eine Gemeinschaft bestraft demnach vor allem solches, von dem sie sich bedroht fühlt und das sie durch ein Verbot von sich abspalten möchte. Die Strafe wird zwar tendenziell humaner, je mehr sich das Gemeinwesen festigt. Nichtsdestotrotz zeichnet sich das Strafmaß vor allem durch seine Willkürlichkeit aus: »Die meisten Verbrecher kommen zu ihren Strafen wie die Weiber zu ihren Kindern. Sie haben zehn- und hundertmal das Selbe gethan, ohne übele Folgen zu spüren: plötzlich kommt eine Entdeckung und hinter ihr die Strafe.« (MA II/2, 28., 199) Schließlich gibt es keinen intrinsischen Zusammenhang zwischen Strafe und Verbrechen. Die Strafe ist vielmehr ein Ausdruck der realen gesellschaftlichen Kräfteverhältnisse, wobei Strafen zunehmend daraufhin ausgelegt werden, zukünftige Verbrechen zu verhindern. Damit verweist Nietzsche auf die im späten 19. Jahrhundert sich verbreitenden pragmatisch orientierten konsequentialistischen Straftheorien, die auf »Prävention« ausgerichtet sind (vgl. Kap. 1.1). In diesem Prozess der zweckorientierten Kriminalisierung würden einzelne Handlungen in einem ersten Schritt als »gut«, andere als »böse« beschrieben. In einem zweiten Schritt werde dieser Akt der ursprünglichen Zuschreibung vergessen und die Attribute würden dem Wesen der Dinge selbst einverleibt (MA I/2, 39., 60). Verbrechen werden damit, wie es der Etikettierungsansatz (vgl. Kap. 4.2) etwa ein Jahrhundert später auf den Punkt bringt, durch Benennung überhaupt erst geschaffen (Seibert 2009, 33). So unterscheide sich die Todesstrafe als Handlung an sich nicht vom allgemeinen Mord. Wird sie jedoch durch den Staat und mit dem Ziel der Absicherung des gegebenen gesellschaftlichen Status quo sowie der Prävention vor zukünftigen Straftaten angewendet, so erfährt selbst die Tötung gesellschaftliche Legitimation (GdM II/14, 319): »Denn Der, welcher gestraft wird, verdient die Strafe nicht: er wird nur als Mittel benutzt, um fürderhin von gewissen Handlungen abzuschrecken.« (MA I/2, 105., 100)

Die Richter müssen in ihrem Urteilsspruch kalt und gleichgültig agieren. Auch sie orientieren sich am Nutzen der Strafe für die Gesellschaft. Ihnen bleibt die eigentliche Tat unverständlich, denn würden sie nur die Geschichte des Verbrechers kennen, so würde sich ihr Erstaunen über die Tat mildern; sie würden den Täter zu verstehen beginnen und sich selbst in ihm wiedererkennen. Jedoch richtet der Richter im gegebenen Machtgefüge über den Angeklagten als über einen schwachen, niedergeworfenen »Feind«: »Wie kommt es, dass jede Hinrichtung uns mehr beleidigt, als ein Mord? Es ist die Kälte der Richter, die peinliche Vorbereitung, die Einsicht, dass hier ein Mensch als Mittel benutzt wird, um andere abzuschrecken.« (MA I/2, 70., 79) Genau darin liegt für Nietzsche das Verwerfliche an der Strafe: »Unser Verbrechen gegen Verbrecher besteht darin, dass wir sie wie Schufte behandeln.« (MA I/2, 66., 78) Denn unter den entsprechenden Umständen könnten wir alle zu Verbrechern werden, also auch der Richter. In dieser Annahme liegt der erste Ansatzpunkt für Nietzsches Dekonstruktion der Strafe: Erstens sei der Täter nicht verantwortlich für seine Tat. In expliziter Abgrenzung von Immanuel Kant und Arthur Schopenhauer geht Nietzsche nicht von der Freiheit des Menschen und der damit einhergehenden Verantwortlichkeit eines Individuums für seine Taten aus. Er wendet sich (ähnlich wie wenige Jahre später von Liszt) gegen die »Fabel von der intelligibilen Freiheit« (MA I 2, 39, 60). Vielmehr ließen sich Verbrechen aus ihrer jeweiligen Geschichte, aus einer Folge von inneren Notwendigkeiten erklären, die schließlich jegliche Schuld bis hin zur Schuldlosigkeit hinwegmildern würden (MA II /2, 24., 197). Daraus ergibt sich für Nietzsche das Postulat der Unverantwortlichkeit des Täters: »Niemand ist für seine Thaten verantwortlich, Niemand für sein Wesen; richten ist soviel als ungerecht sein. Dies gilt auch, wenn das Individuum über sich selbst richtet. Der Satz ist so hell wie Sonnenlicht, und doch geht hier Jedermann lieber in den Schatten und die Unwahrheit zurück: aus Furcht vor den Folgen.« (MA I/2, 39., 62) Man darf sich also auch nicht selbst für schuldig befinden, sich selbst niederwerfen und kleinmachen. Auch das ist für Nietzsche »Unrecht«, und zwar gegen uns selbst; es macht uns krank.

Doch was ist für Nietzsche dann ursächlich für einen Normbruch, wenn es nicht der freie Wille des oder der Einzelnen ist? Die eigentlichen Gründe für das Strafen liegen in der Gesellschaft und der Erziehung, »ich meine Eltern, Erzieher, die Gesellschaft u.s.w.; in vielen Fällen wird man dann die Richter irgendwie bei der Schuld betheiligt finden.« (MA II/2, 28., 200) Es sind demnach die »veranlassenden Umstände« in Form von mangelnder Bildung, des sozialen Milieus und der Familie, welche zu dem führen, was wir als Verbrechen beschreiben (MA I/2, 70., 79). Diese sozialen Faktoren machen aus dem Menschen, was er ist. Damit wendet sich Nietzsche nicht nur gegen Freiheit und Verantwortlichkeit, sondern auch gegen die Konzeption von Schuld und das von ihr abgeleitete Schuldstrafrecht (vgl. Kap. 3).

Jedoch sind es nicht allein die mangelnde Freiheit und die daraus resultierende Nichtverantwortlichkeit, welche die Strafe für Nietzsche falsch erscheinen lassen. Es ist auch ihre mangelnde Wirkung, ihr rein deklamatorischer Zweck zur Besserung von Verbrechern: »Der ächte Gewissenbiss ist gerade unter Verbrechern und Sträflingen etwas äusserst Seltenes, die Gefängnisse, die Zuchthäuser, sind nicht die Brutstätten, an denen diese Species gedeiht [...]. In's Grosse gerechnet, härtet und kältet die Strafe ab; sie concentrirt, sie verschärft das Gefühl der Entfremdung, sie stärkt die Widerstandskraft.« (GdM II/14, 319) Anstatt Menschen zur Einhaltung festgelegter Normen zu bewegen, hält die Strafe sie vielmehr davon ab, ein Gefühl von Schuld zu entwickeln. Die Erfahrung, durch Strafe erniedrigt zu werden, spornt den oder die Verbrecherin vielmehr dazu an, das nächste Mal klüger und vorsichtiger vorzugehen, um ihr zu entgehen. Angesichts der Rechtsprozeduren, die der oder die Angeklagte erlebt, und zwar in Form von grausamen Handlungen, die als solche eigentlich missbilligt werden müssten und die allein im Lichte staatlicher Autorität Akzeptanz erfahren, werde jegliche Referenz auf Gerechtigkeit unglaubwürdig. Vielmehr offenbart die Strafgerechtigkeit dem Verbrecher ihr eigentliches Gesicht als pure Gewalt, als rächende Gerechtigkeit, als institutionalisierter Unterwerfungsritus.

In ihrer potenziellen, höheren Form geht die Gerechtigkeit für Nietzsche über ihre rächende Seite hinaus. Sie wäre die Antithese zur bestehenden strafenden Gerechtigkeit und müsste diese überwinden, um eine andere Form der Gerechtigkeit zu ermöglichen (Straube 2012, 130). Eine straflose Gesellschaft wäre selbstbewusst und gefestigt. Sie würde nicht mehr auf Unterwerfung basieren, sondern auf dem Austausch zwischen einander Gleichgestellten. Diese eigentliche, bessere Gerechtigkeit geht zurück auf die antike Form der Verteilungsgerechtigkeit nach dem Prinzip des *suum cuique*: Jedem das Seine. Diese Form der Gerechtigkeit gründet Nietzsche zufolge einerseits auf Gleichheit; andererseits dient sie auch den jeweiligen Motiven des Einzelnen, im Sinne eines wohlverstandenen egoistischen, sich nicht länger selbst unterwerfenden, selbstbewussten Individuums (MA I/2, 92., 87): »In der Gleichheit sieht er [Nietzsche] die ausschlaggebende Kondition für die Gegenseitigkeit, die Beiderseitigkeit von Ansprüchen, ohne welche eine rechtliche Erwägung ihren Sinn verliert.« (Gerhardt 1988, 115) Die andere Gerechtigkeit folgt dem »Prinzip des Gleichgewichts«, das es beständig wiederherzustellen gilt (MA II/2, 22., 193). Dabei bedarf es der Gleichheit nicht auf einer abstrakten Ebene, sondern in Form realer Machtverhältnisse (Gerhardt 1988, 116). In der Form der Strafgerechtigkeit verliert die Gerechtigkeit jenes Element, welches den Einzelnen befördert und zu einem produktiven Austausch unter Menschen auf gleicher Augenhöhe führt. Gerechtigkeit, zur Strafgerechtigkeit degeneriert, erniedrigt und misshandelt.

Doch wie sähe diese andere Gerechtigkeit konkret aus? Wie würde sie mit Normübertretungen umgehen? Auch diese Fragen sind in der zweiten Hälfte des 20. Jahrhunderts durch abolitionistische Straftheorien erneut aufgeworfen worden (vgl. Kap. 5.1). Dieser utopische Horizont besteht für Nietzsche in einer milden, weisen Form der sich selbst aufhebenden Gerechtigkeit. Sie liegt »[j]enseits des Rechts« (GdM II/10, 309). Ein solcher Modus, Gerechtigkeit walten zu lassen, werde eine freudige Praxis sein, die auf der Großmut des Selbstbewussten basiert, der ohne Schmerz vieles zu sehen vermag und es auch ertragen kann (Petersen 2008, 146). Die Gemeinschaft, die eine solche Gerechtigkeit aushält, ist in sich stark gefestigt; sie könnte es sich etwa leisten, den Nichtzahlungsfähigen laufen zu lassen (GdM II/10, 309). An die Stelle von Richtern würden Lehrer treten; die strafende Gerechtigkeit würde von einer erzieherischen Gerechtigkeit abgelöst, welche die Vernunft ausbildet (KSA 8, 606, zit. n. Straube 2012, 140). Und die Menschheit würde nicht mehr moralisch, sondern »weise« handeln, prophezeit Nietzsche emphatisch: »Die Sonne eines neuen Evangeliums wirft ihren ersten Strahl auf die höchsten Gipfel in der Seele jener Einzelnen: da ballen sich die Nebel dichter, als je, und neben einander lagert der hellste Schein und die trübste Dämmerung. Alles ist Nothwendigkeit – so sagt die neue Erkenntniss: und diese Erkenntniss selber ist Nothwendigkeit. Alles ist Unschuld: und die Erkenntniss ist der Weg zur Einsicht in diese Unschuld.« (MA I/2, 107., 103)

Nietzsches Genealogie des Strafens erweist sich als Dekonstruktion und harsche Kritik gängiger Straftheorien. Sie lässt fast keinen Aspekt der Strafe unberührt: Das Talionsrecht, welches den zugefügten Schmerz als Äquivalent für den Schaden setzt, sei eine absurde Form der Abstraktion, die ihren Ursprung im ökonomischen Tauschverhältnis habe. Das Strafmaß folge keinem transzendenten Maßstab, sondern sei vielmehr willkürlich gesetzt und biedere sich den kontingenten Strafzwecken einer jeweiligen Epoche an. Das Märchen der Willensfreiheit sei eine notwendige Fiktion, die dazu dient, das Individuum schuldfähig zu machen und ihm ein schlechtes Gewissen einzuimpfen. Die moralische Legitimation der Strafe, wie sie Kant mithilfe seines kategorischen Imperativs geleistet hat, ist für Nietzsche eine im Nachhinein ersonnene Form der intellektuellen Bemäntelung einer für sich genommen weiterhin grausamen Praxis. Und die angestrebte Besserung des Angeklagten sei letztlich auch nichts als eine Farce: Die Strafe verroht, sie macht widerstandsfähiger und schärft die verbrecherischen Instinkte. »Strafgerechtigkeit« ist demnach vielmehr Ausdruck einer realen gesellschaftlichen Machtbeziehung, und ihr Ursprung ist im ökonomischen Verhältnis des Schuldnervertrags zu suchen. Das ist die Wahrheit der Strafe, behauptet Nietzsche. Die Strafgerechtigkeit auf eine andere Gerechtigkeit hin zu transzendieren würde dagegen bedeuten, zunächst die gesellschaftlichen Voraussetzungen für eine neue Gerechtigkeit zu schaffen, so wie sie sich im Anklang an die griechische Polis zumindest utopisch imaginieren lasse: als eine Art (Aus-)Tauschverhältnis zwischen Gleichen, von dem jeder profitiert und an dem jeder wächst.

Kritiker sehen in Nietzsche den Nihilisten, dessen Konzeption im Anarchismus und einer gefährlichen Vision der Gemeinschaft von Übermenschen mündet, die angesichts der deutschen NS-Geschichte erheblich belastet ist. Neuere Interpreten, die seine Strafkritik wiederbeleben möchten, fordern im Anschluss an Nietzsche dagegen einen spielerischen Umgang mit dem Recht im Sinne einer »fröhlichen Wissenschaft«: Eine Kritik des Rechts innerhalb des Rechts und als dynamische Praxis, die eine befreiende Wirkung zu entfalten verspricht und sich auf der Basis von Authentizität und Kreativität stets neu erfindet

(Gearey 2000; Goodrich/Valverde 2005). So entwickeln sie die positive Vision eines selbstbewussten, freudigen Menschen, der sich von der Sklavenmentalität der Selbstunterwerfung befreit hat und einen neuen ethischen Sinn für Verantwortung entwickelt, der jenseits von Schuld, Verletzung und Ressentiment operiert (Valverde 2005, 83). Der »neue Mensch«, so die radikale Deutung von Christoph Menke, ist dabei weder Sklave noch Herr. Im »affirmativen« Sklavenaufstand emanzipiert sich der Sklave von beiden Begriffen und schafft ein neues Recht, welches das bürgerliche Recht überwindet. Letzteres schreibe die Passivität und das Leiden der Unterdrückten fort (indem es den Bürger nicht aktiv genug an der Gesetzgebung beteiligt, sondern ihn lediglich »berücksichtigt«). Das neue Recht führt dagegen zu einer »Revolution der Gleichheit«: Diese Revolution führt zu »Gegenrechten« auf Nicht-Teilnahme (zum Zeitpunkt des sinnlichen Affiziertseins, dem konkreten Leiden an sozialen Verhältnissen) als Momente innerhalb der Teilnahme am und der aktiven Gestaltung im Politischen – und dehnt damit die Politik selbstreflexiv gegenüber den Ohnmächtigen aus (Menke 2015, 369–401).

3. Willensfreiheit, Schuldfähigkeit und die Legitimation der Strafe

Im deutschen Strafecht wird die Legitimation zu strafen mit der Schuld des Täters begründet: *nulla poena sine culpa* (Keine Strafe ohne Schuld, § 1 StGB; Art. 1 GG, Abs. 3). Der Bundesgerichtshof präzisierte am 18. März 1952: »Strafe setzt Schuld voraus. Schuld ist Vorwerfbarkeit. Mit dem Unwerturteil der Schuld wird dem Täter vorgeworfen, dass er sich für das Unrecht entschieden hat, obwohl er sich rechtmäßig verhalten, sich für das Recht hätte entscheiden können.« (BGHSt [GrS] 2, 194 [200]). Was jedoch Schuld konkret bedeutet, wird im Strafgesetzbuch nicht erläutert. Ihre Bestimmung ergibt sich vielmehr negativ aus den dort festgelegten Ausnahmen, beispielsweise wenn eine Person durch eine »seelische Störung« nicht fähig ist, das Unrecht einer Straftat einzusehen (§§ 19 und 20 StGB) oder wenn ein entschuldigender Notstand vorliegt, in welchem die Befolgung des Rechts unzumutbar wäre (§ 35 StGB; Günther 2006a, 117–118). Das Urteil des Bundesgerichtshofs setzt voraus, dass die schuldige Person auch *anders hätte handeln können*. Diese Konzeption von Willensfreiheit wird auch als »alternativistisch« bezeichnet und geht mit der Vorstellung einher, dass »der Mensch auf freie, verantwortliche, sittliche Selbstbestimmung angelegt und deshalb befähigt ist, sich für das Recht und gegen das Unrecht zu entscheiden« (BGHSt [GrS] 2, 194 [200]). Er ist demnach ein vernunftbegabtes Wesen, das sich für oder gegen gemeinschaftliche Normen entscheiden kann. Dieses Menschenbild geht auf Immanuel Kant und das Denken der Aufklärung zurück. Die Würde des Menschen verlangt diesem Bild entsprechend, dass ein Staat seine Bürger als vernunftbegabte freie Wesen respektiert. Deswegen sieht das Bundesverfassungsgericht das Schuldprinzip auch im ersten Artikel des Grundgesetzes der Bundesrepublik Deutschland verankert, dem zufolge die Würde des Menschen unantastbar ist (Art. 1 GG, Abs. 1, Hirsch 2010, 64).

Die Annahme der Willensfreiheit des Menschen, welche die Voraussetzung für die strafrechtliche Schuldfähigkeit des Täters darstellt und damit die legitimatorische Grundlage für seine Bestrafung liefert, ist jedoch von unterschiedlichen Seiten immer wieder in Zweifel gezogen worden. So wurde den Vertretern des Schuldstrafrechts entgegengehalten, dass Menschen entweder äußeren oder inneren Zwängen unterlägen und ihr Handeln naturgesetzlichen Prinzipien unterstehe, welche sie selbst nicht zu steuern vermögen. In diesem Sinne seien sie weder verantwortlich für ihr Handeln noch schuldfähig im strafrechtlichen Sinne.

3.1 Willensfreiheit in der materialistischen Deutung

Ein starker Determinismus, der bis ins 20. Jahrhundert in der Physik vorherrschend war, geht davon aus, dass die Welt kausal bestimmt ist und das einzelne Individuum nicht fähig ist, diesen Lauf der Dinge zu verändern. Die Welt ist demnach physikalischen Naturgesetzen unterworfen, welche die Richtung und Folge von Prozessen im Vorhinein festlegen. Erst mit der Quantenphysik und der Heisenbergschen Unschärfe- und Unbestimmtheitsrelation kam diese in der Physik vorherrschende Sichtweise ins Wanken (Merkel 2008, 342). Physikalische Zustände wurden von nun an nicht mehr als vollkommen bestimmt und abgeschlossen, sondern als »unbestimmt« und nicht vorhersagbar verstanden.

Eine strikte indeterministische Position setzt dem entgegen, dass Menschen durchaus über Willensfreiheit verfügen und diese durch ihre materielle Realisierung nicht beeinträchtigt werde. Wesentlich sei vielmehr die Frage, wie Entscheidungen in der materiellen Welt ausgelöst würden. Die indeterministische Position geht daher von der *Supervenienz* mentaler Vorgänge aus, was bedeutet, dass neuronale Vorgänge durch einen willentlichen Akt verursacht werden. Der Mensch ist demnach fähig, durch seinen Willen Veränderungen in der Welt zu verursachen. Wie genau physische Veränderungen durch mentale Akte ausgelöst werden können, bleibt jedoch eine in der Wissenschaft umstrittene Frage. Zudem lässt sich Determination nicht allein materiell, sondern auch sozial und neuropsychologisch beschreiben. Mit diesem Komplex befassen sich die zwei folgenden Unterkapitel.

3.2 Schuldfähigkeit und soziales Milieu

Auf einer gesellschaftstheoretischen Grundlage ist es die marxistische Theorie, die behauptet, dass der Mensch innerhalb von herrschaftsförmigen gesellschaftlichen Verhältnissen nicht über seine vollständige Entscheidungsfreiheit verfügt. Die kapitalistischen Produktionsverhältnisse demoralisieren den Arbeiter und berauben ihn seiner Freiheit, lautet die These der sozialen Determination: »Der Arbeiter wird durch die brutale und brutalisierende Behandlung der Bourgeoisie grade ein so willenloses Ding wie das Wasser, und ist grade mit derselben Nothwendigkeit den Gesetzen der Natur unterworfen – bei ihm hört auf einem gewissen Punkte alle Freiheit auf.« (Engels 1892, 133, zit. n. Dölling 2008, 375) Es sei schlicht widersinnig, unter brutalisierenden Verhältnissen von freien Entscheidungen zu sprechen.

Marxistisch inspirierte Rechtssoziologen der Kritischen Kriminologie der 1970er Jahre gehen einen Schritt weiter. Sie argumentieren nicht nur, dass die Gesellschaft bestimmte Individuen zu Verbrechern macht, sondern auch, dass in einem herrschaftsförmigen Prozesses der Zuschreibung überhaupt erst festgelegt wird, was als Verbrechen zu gelten hat (vgl. Kap. 4.2). Ihr Fokus liegt folglich nicht mehr auf dem devianten Tätersubjekt, sondern auf den durch die Strafgesetzgebung und durch öffentliche Diskurse hervorgebrachten Bestimmungen, die abweichendes soziales Verhalten überhaupt erst produzierten; und zwar indem sie das »negative Gut Kriminalität« so verteilen, dass dabei überproportional stark Menschen aus der Unterschicht in den Fokus strafrechtlicher Verfolgung geraten (Baumann 2014). Dieser Sichtweise zufolge bringt die Gesellschaft ihre Täter hervor, indem sie deren Verhalten einseitig stigmatisiert und selektiv verfolgt – und dadurch den bestehenden herrschaftsförmigen Zustand stabilisiert. Die Konsequenz einer solchen gesellschaftstheoretischen Wendung der Straftheorie besteht in einer Abkehr individueller Zuschreibung von Schuld. Bestrafung wird als Herrschaftsinstrumentarium der besitzenden Klasse verstanden. Der Fokus liegt auf den systemischen Bedingungen, die »brutalisierend« wirken, und nicht auf der Freiheit eines handlungsfähigen Subjekts und dessen Schuldfähigkeit.

3.3 Neurowissenschaftliche Erkenntnisse über die Willensfreiheit

In der zweiten Hälfte des 20. Jahrhunderts geriet die Annahme der menschlichen Willensfreiheit durch neurobiologische Forschungen verstärkt in Bedrängnis. Der US-amerikanische Neurobiologe Benjamin Libet führte 1979 ein Experiment durch, mit welchem er zu zeigen versuchte, dass wir Entscheidungen nicht bewusst treffen, sondern diese neuronal bereits vor dem bewussten Willensakt initiiert werden.

In Libets berühmt gewordenem Versuchsaufbau sollte sich ein Proband dazu entschließen, die rechte Hand zu bewegen, und sich mithilfe eines rotierenden Zeigers auf einer Oszilloskop-Uhr – die 25-mal präziser misst als eine gewöhnliche Uhr – gleichzeitig merken, zu welchem Zeitpunkt genau er den Entschluss zur Bewegung der Hand gefasst hat. Gleichzeitig wurde das »Bereitschaftspotenzial« in der Gehirnrinde gemessen, welches motorischen Prozessen vorausgeht. Dieses ist unbewusst und lässt sich relativ leicht erfassen. Das Ergebnis war, dass sich dieses Bereitschaftspotenzial im Durchschnitt etwa 350 bis 550 Millisekunden vor der Handlung feststellen ließ. Der bewusste Willensakt wurde dagegen von den Probanden gemäß der Oszilloskop-Uhr auf durchschnittlich 200 Millisekunden vor der Handlung erfolgend angegeben. Libet schloss daraus, dass Willensakte unbewusst eingeleitet werden. Das Experiment wurde später in ähnlicher Form, jedoch mit verbesserter Methodik, durch die Psychologen Patrick Haggard und Martin Eimer nachgestellt, wobei der Proband jedoch die Möglichkeit hatte, entweder die rechte oder die linke Hand zu heben. Die Experimentleiter maßen hierbei erneut das Bereitschaftspotenzial, welches wiederum deutlich vor dem bewussten Willensakt lag, und bestätigten damit das Ergebnis von Libets Experiment, wonach spontane willentliche Entscheidungen unbewusst initiiert werden (Haggard/Eimer 1999). Die weitreichende Interpretation, dass es folglich keine Willensfreiheit gebe, wurde jedoch von unterschiedlicher Seite in Zweifel gezogen. Neben messtheoretischen Problemen wurde damit argumentiert, dass die eigentliche Entscheidung, eine Hand zu heben, sehr wahrscheinlich bereits wesentlich früher gefällt werde, nämlich zum Zeitpunkt des Starts der Uhr, und im Moment der Initiierung der Bewegung lediglich »freigegeben« werde (Rösler 2008, 161).

Libet selbst modifizierte später sein Argument in dem Sinne, dass ein Veto auf einer bewussten Ebene die unbewusst eingeleitete Handlung abbrechen könne. Der bewusste Wille habe etwa zehn Millisekunden zur Verfügung, um eine Entscheidung, die durch unbewusste Hirnaktivität eingeleitet wurde, zu revidieren (Libet 2004). Der als solcher bewusst erfahrene »freie Wille« besteht demnach in der Kontrollfunktion zu entscheiden, ob eine Handlung stattfindet oder nicht. Der Drang zu einer Tat liege demnach außerhalb unserer bewussten Kontrolle, dem Handlungsdrang zu folgen dagegen unterliege der Möglichkeit bewusster Steuerung.

Die beiden Neurowissenschaftler Gerhard Roth und Wolf Singer schlussfolgern dagegen, dass es Willensfreiheit in einem starken alternativistischen (also strafrechtlich relevanten) Sinne und mithin die Möglichkeit des Anders-handeln-Könnens keineswegs gebe. Vielmehr, so Roth (2009), würden menschliche Entscheidungen letztlich von zuvor ausgeführten Handlungen und bereits gemachten Erfahrungen bestimmt, die in den Basalganglien unterhalb der Großhirnride gespeichert werden. Das limbische System des menschlichen Gehirns kontrolliert das Handlungsgedächtnis der Basalganglien und sortiert, welche Handlungen positive und welche negative Konsequenzen für den Organismus hervorgerufen haben. Dieses emotionale »Erfahrungsgedächtnis« des limbischen Systems arbeitet unbewusst. Es wägt ab, sendet Impulse des Antriebs oder der Vermeidung und fällt die letztliche Entscheidung ein bis zwei Sekunden, bevor der Mensch sie als Willensentscheidung durch den Kortex (die Großhirnrinde) bewusst wahrnimmt. Dieser

Prozess sei »vollständig determiniert« (ebd., 15) und stelle sicher, dass wir unsere Entscheidungen auf der Basis vorheriger Erlebnisse konsistent fällen.

Zudem stellt Roth, was für die Strafrechtsphilosophie brisant erscheint, bei chronischen Gewalttätern statistisch überproportional häufige hirnanatomische Schäden fest, die oft mit frühkindlichen Traumatisierungen, beispielsweise Gewalterfahrungen und sexuellem Missbrauch, sowie Bindungsdefiziten einhergingen. Gewalttätigkeit im Erwachsenenalter korreliere demnach in starkem Maße mit solchen frühkindlichen Erlebnissen. Weitere Faktoren für Gewaltdelikte seien eine Kindheit in einem sozial schwachen Milieu, das Auseinanderbrechen der Familie und elterliche Konflikte (Roth/Lück/Strüber 2008). Solche Defizite in der Kindheit führten zu einem Mangel an Serotonin, dessen Funktion es ist, aggressive Impulse zu hemmen. Deswegen seien Menschen mit einer schwierigen Kindheit stärker gefährdet, im Erwachsenenalter gewalttätig zu werden. Für Roth führt dieser Zusammenhang zu folgendem »Unrechtsparadox«: »Je schwerer die Straftat und die moralische Schuld, desto eindeutiger die Bedingtheit des Handelns des Straftäters.« (Roth 2009, 25) Deswegen sei es falsch, Menschen zu bestrafen, die nicht in einem strafrechtlichen Sinne schuldfähig seien, da sie nicht frei agierten. Vielmehr würde ihr Handeln durch ihre biografisch geprägte Persönlichkeitsstruktur und aktuelle Motive gelenkt. Das Schuldstrafrecht ist aber nur dann gerechtfertigt, wenn Menschen einsichtsfähig sind und über ihr Handeln frei entscheiden können. Insofern plädiert Roth dafür, gewalttätige Personen zu therapieren, statt sie als voll schuldfähig zu verurteilen. An seine Diagnose schließt er ein Plädoyer für die Rechtfertigung rechtlicher Sanktionierung im Sinne der Prävention zukünftiger Normverletzung und mit einem Fokus auf die »Besserung« an.

Der Neurophysiologe Wolf Singer (2004) argumentiert ähnlich wie Roth, dass Entscheidungen nicht frei, sondern von Naturgesetzen determiniert seien. Menschen erfahren sich ihm zufolge als frei, indem sie »bewusst« Entscheidungen treffen. Dabei wägen sie ethische Regeln ab, überdenken ihr Wissen über einen Gegenstand und fällen ihre Entscheidungen auf der Basis etablierter Verhaltensnormen. Bewusste Prozesse unterscheiden sich Singer zufolge jedoch von unbewussten allein in der Hinsicht, dass sie im Gehirn mit Aufmerksamkeit belegt, versprachlicht und in Form eines Gedächtnisses verankert werden. Singer zufolge sind es unbewusste Prozesse, die durch eine Vielzahl an Variablen – auf der Basis von frühkindlicher Prägung, unbewussten Lernvorgängen und evolutionär übertragenem »genetisch« gespeichertem Wissen – handlungssteuernd wirken. Bewusste wie auch unbewusste Entscheidungen unterliegen gleichermaßen naturgesetzlichen Prinzipien und basieren auf Mechanismen, die sich Menschen evolutionsbiologisch sowie im Laufe ihrer Sozialisation zur Optimierung von Verhaltensstrategien aneignen. Daher sind Singer zufolge bewusste und unbewusste Entscheidungen gleichermaßen determiniert. Bewusste Entscheidungen geben uns lediglich die Illusion, wir würden frei handeln. Sie werden stärker durch relativ spät erlerntes Wissen und Verhaltensregeln strukturiert, während unbewusste Entscheidungen auf frühkindliche Prägung zurückzuführen sind. Häufig stellt unser Bewusstsein ad hoc Gründe bereit, die Kongruenz zwischen bewussten Entscheidungen und unbewussten Motiven schaffen sollen. Dieser Mechanismus dient dazu, unsere Entscheidungen anderen sprachlich zu vermitteln und sie dadurch uns selbst und anderen gegenüber zu rechtfertigen. Die Unterscheidung in »voll schuldfähig« und »nicht schuldfähig«, in »frei« und »unfrei« sowie in »gut« und »böse« ist Singer zufolge aus neurobiologischer Sicht widersinnig. Er fordert daher, statt von freien und unfreien Handlungen von unbewussten und bewussten Entscheidungen als Grundlage zur Bewertung von abweichendem Verhalten und dessen Sanktionierung auszugehen.

3.4 Kompatibilistische Positionen zu Willensfreiheit und Determinismus

In der durch die Erkenntnisse aus der Neurobiologie verursachten Debatte über die Willensfreiheit sind Positionen entwickelt worden, die untersuchen, ob und wie sich Willensfreiheit und Determinismus vereinbaren lassen. Theorien, welche darauf abzielen, Willensfreiheit und Determinismus miteinander zu versöhnen, werden als »kompatibilistisch« bezeichnet. Einige prominente Ansätze des Kompatibilismus werden im Folgenden vorgestellt und abschließend kritisch beleuchtet.

Der Philosoph Peter Bieri (2003) bestimmt Freiheit alternativistisch in dem Sinne, dass wir unter denselben Bedingungen stets auch anders handeln können. Jedoch übersetze sich nicht jeder Wille in eine Handlung und sei deswegen nicht auf diese reduzierbar. Wir können auch etwas wollen, das wir nicht tun. Zudem ist unser Wollen bedingt durch die Welt, in der wir leben. Diese innere und äußere Bedingtheit unseres Wollens, die nicht mit Zwang gleichzusetzen ist, tangiert unsere Freiheit jedoch nicht. So könne eine Person zwar nur wollen, was die sie umgebende Lebenswelt ihr zu einer spezifischen Zeit und an einem spezifischen Ort als Handlungsmöglichkeiten zur Verfügung stellt, beispielsweise einen bestimmten Beruf zu erlernen oder ein Hobby zu verfolgen. Jedoch schränke diese Begrenzung der Wahlmöglichkeiten die Freiheit des Einzelnen nicht ein, sondern ermögliche vielmehr seinen Willen als einen »bestimmten«. In einer völlig unbestimmten Welt gäbe es wiederum auch kein Wollen: »Die Grenzen, die dem Willen gezogen werden, sind kein Hindernis für die Freiheit, sondern deren Voraussetzung.« (Ebd., 51) Eine völlig unbestimmte Welt wäre eine zufällige, willenlose Welt.

Ebenso sei der Mensch durch seine Geschichte und seinen Charakter bestimmt, also innerlich determiniert. Diese Dispositionen machten ihn oder sie jedoch zu ebenjener Person, die er oder sie ist – mit einer Geschichte, mit Erfahrungen und mit spezifischen Charaktereigenschaften. Deswegen schränkt auch die innere Bedingtheit unsere Willensfreiheit nicht ein, sondern konstituiert vielmehr unseren Willen als denjenigen einer bestimmten Person mit den sie prägenden Erfahrungen. Die Tatsache, dass wir in diesem Sinne determiniert sind, muss den Philosophen oder die Philosophin daher gar nicht verunsichern. Das Bewusstsein, durch die jeweils eigene Geschichte geprägt zu sein, ist kein Manko; schließlich haben wir gar keine andere Möglichkeit, als uns aus unserer jeweiligen Geschichte heraus zu entwerfen und auf der Basis unserer Erfahrungen und Wünsche Entscheidungen zu fällen.

Zugleich kann sich ein Mensch seine Freiheit in unterschiedlichem Grade aneignen und diese ausweiten. Stehen unsere Wünsche im Konflikt miteinander oder verdrängen wir spezifische Wünsche, weil sie unserem Selbstbild nicht entsprechen, so erfahren wir unser Leben als unfrei und empfinden es als krisenhaft. Durch das Aufdecken solcher Widersprüche und das Erforschen der Entstehung eines verborgenen, unbewussten Wunsches könnten wir uns diese jedoch – und hier verweist Bieri auf Sigmund Freuds Psychoanalyse, – aneignen, sie zu den unsrigen machen. Beispielsweise kann ein überaus ehrgeiziger Mensch, ein »Sklave der Leistungsgesellschaft«, indem er seine eigene Getriebenheit auf ein besonders autoritäres Elternhaus und dessen Leistungserwartungen zurückführt, sich seines »blinden Willens«

(ebd., 396) entledigen und sich seinen eigenen Willen aneignen, der dann auch einmal ziellos in der Gegenwart verweilen kann. Er wird dadurch ein Stück freier.

Ein weiterer prominenter Vertreter des Kompatibilismus ist der Philosoph Michael Pauen (2009). Er geht davon aus, dass Handlungsentscheidungen auch dann frei sind, wenn sie durch die bisherigen Wünsche und Überzeugungen einer Person, also durch diese selbst determiniert sind. Willensfreiheit lasse sich zunächst negativ definieren, und zwar erstens, wenn eine Person keinem Zwang unterliegt (*Autonomieprinzip*), und zweitens, wenn ihre Handlung auf sie selbst als ihren Urheber zurückzuführen ist (*Urheberprinzip*, ebd., 78). Freiheit konstituiert sich, positiv bestimmt, in einem selbstbestimmten Leben.

Eine mit der Freiheit kompatible Determination ist nach Pauen eine Determination durch den Menschen selbst, und zwar durch die für ihn konstitutiven Eigenschaften. Eigenschaften sind für eine Person dann konstitutiv, wenn man sich zwar gegen sie entscheiden könnte, es aber de facto nicht tut, eben weil sie für unser Selbstbild konstitutiv sind. Wenn eine Person gemäß den sie prägenden Einstellungen handelt, ist ihre Handlung auf sie selbst zurückführbar und entspricht dem Urheberprinzip. Unterliegt sie keinem Zwang oder sie determinierenden äußeren Umständen, so ist sie frei. Beispielsweise hegt eine Person X eine Leidenschaft für das Theater und möchte sich am Samstagabend gern eine neue Inszenierung an der Volksbühne ansehen. Niemand zwingt sie dazu, dies zu tun. Dennoch entscheidet sich Person X gewohnheitsgemäß für ihren Theaterbesuch. Ihre Entscheidung ist demnach frei und gleichzeitig durch die für sie konstitutiven Wünsche und Einstellungen determiniert. Der Grad ihrer Freiheit hängt für Pauen davon ab, wie gut sich die Person selbst kennt und sich über die Wirkmächtigkeit ihrer Einstellungen und Wünsche bewusst ist.

Dagegen ist eine Person unfrei, wenn sie unter Zwang handelt, beispielsweise aufgrund einer Sucht. Eine Alkoholikerin, die zwanghaft trinkt, handelt unfrei – selbst wenn sie glaubt, sich dem Alkoholkonsum freiwillig hinzugeben. Nur indem Menschen langfristig ihre Einstellungen verändern, können sie auch die für sie konstitutiven Überzeugungen und Wünsche und damit auch ihre Handlungsentscheidungen steuern. Eine determinierte Welt kollidiert einer solchen Position zufolge nicht mit einem alternativistischen Konzept der Willensfreiheit, dem zufolge wir stets auch, zumindest hypothetisch, anders handeln könnten, auch wenn wir es faktisch nicht tun.

Eine weitere einflussreiche Position in der Debatte um die Willensfreiheit, welche wiederum nach den Konsequenzen der neurowissenschaftlichen Erkenntnisse im Anschluss an Libet für unsere gesellschaftlichen Praktiken fragt, ist diejenige von Jürgen Habermas. An der neurowissenschaftlichen Debatte über die Willensfreiheit beklagt er den naturalistischen Reduktionismus, der andere Erklärungsperspektiven und Wissensformen ausklammert, und warnt vor einer zu voreiligen Versöhnung der Willensfreiheit mit dem Determinismus durch den Kompatibilismus. Vielmehr müsse der Determinismus als solcher auf den philosophischen Prüfstand gestellt werden: Eine Entscheidung, die das Produkt eines unbewussten neuronalen Geschehens darstellt, an welchem das »ich« nicht beteiligt war, könne gar nicht »meine« Entscheidung sein (Habermas 2004, 876).

Habermas betont, dass sich Experimente wie diejenigen von Libet nicht auf komplexe menschliche Entscheidungen, und vor allem nicht auf moralische Fragen, übertragen ließen. Eine künstlich erzeugte Situation, in der es allein darum geht, eine Hand zu heben oder dies zu unterlassen, fokussiere den Moment der »nackten Entscheidung«, aber nicht den Prozess, im Laufe dessen sich ein Wille herausbildet, der aufgrund des Abwägens von Gründen »heranreift« (ebd., 874). Nur eine überlegte Entscheidung sei tatsächlich als frei zu erachten. Wenn ich meine Hand reflexhaft hebe, so kann dies noch nicht als eine freie Entscheidung beschrieben werden. Es bedarf dagegen einer »Phänomenologie der verantwortlichen Autorschaft«, welche die subjektive Perspektive von Handelnden als Teilnehmern an kommunikativen und gesellschaftlichen Praktiken ernst nimmt (ebd., 878). In ihrem Alltag wägen Menschen zwischen unterschiedlichen Gründen ab und entscheiden sich auf der Basis derjenigen Gründe, die sie für überzeugender halten. Zwar stellt das limbische System im Gehirn die Bedingungen menschlicher Reflexionsleistung. Daraus folgt jedoch noch nicht, dass unsere Reflexionsfähigkeit kausal determiniert ist. Neurowissenschaftler konstruieren lediglich eine »Beobachterperspektive«, welche die Erfahrungswelt handelnder Individuen nicht miteinbeziehe. Habermas zufolge müssen die alltagspsychologischen Annahmen von Menschen über ihre Freiheit jedoch ebenso mitbedacht werden. Ihre »Teilnehmerperspektive« ist für eine angemessene sozialphilosophische Beschreibung der Willensfreiheit unhintergehbar und kann, anders als es in der neurowissenschaftlichen Debatte um die Willensfreiheit der Fall ist, nicht einfach ignoriert werden. Schließlich können Menschen über ihr Dasein nur innerhalb der Welt und auf der Basis einer intersubjektiv geteilten Lebenswelt nachdenken. Erst im kommunikativen Austausch miteinander konstituieren Menschen Konzepte wie »Selbst« oder »Wille« und erfahren sich dabei als »freie« Wesen. Eine völlige Determination menschlicher Entscheidungen durch Zwänge widerspricht diesem Selbstverständnis und der Art und Weise, wie wir innerhalb unserer Lebenswelt interagieren, indem wir unser Handeln im Dialog mit anderen begründen und uns selbst wie auch anderen verantwortliches Handeln zuschreiben. Es ist also keineswegs geklärt, ob neurowissenschaftliche Erkenntnisse den

Begriff der Willensfreiheit und den von ihr abgeleiteten strafrechtlichen Begriff der Schuld überhaupt infrage stellen.

3.5 Konsequenzen aus der Debatte über die Willensfreiheit für das Strafrecht

Strafrechtlich lassen sich aus der Debatte um die Willensfreiheit unterschiedliche Konsequenzen ziehen. So lässt sich erstens argumentieren, dass die neurowissenschaftlichen Erkenntnisse aus den Libet-Experimenten und die aus ihnen geschlussfolgerten Annahmen über die Determination des Willens keinen Einfluss auf das Strafrecht hätten. Der Verfassungsrichter Winfried Hassemer etwa hat in diesem Zusammenhang gemahnt (2009), man solle sich von dem »Gesang der Sirenen« der Neurowissenschaften, die behaupten, das Strafrecht zu revolutionieren, nicht auf falsche Bahnen lenken lassen. Es handle sich dabei schlicht um einen epistemologischen Kategorienfehler: Die naturwissenschaftliche Forschung sei nicht in der Lage, das für das Strafrecht relevante Konzept der Freiheit angemessen zu untersuchen und könne mithin auch keine Resultate liefern, die für die Rechtswissenschaft von Belang seien. Das strafrechtliche Konzept der Verantwortung basiert nämlich auf dem Grundsatz der Menschenwürde und der Personalität. Die persönliche Zuschreibung von Entscheidungen als frei und verantwortlich sei tief in unserem normativen Alltagswissen verankert. Daran müsse sich das Strafrecht orientieren, um zu bestimmen, ob eine Person schuldig sei oder nicht.

Der Schuldbegriff, so argumentiert auch der Strafrechtler Franz Streng, sei ohnehin als eine normative Setzung zu verstehen, die unabhängig davon Gültigkeit beanspruche, ob oder wie sich die Frage nach der Willensfreiheit letztlich entscheide. Ein

»sozialer Schuldbegriff« geht von der persönlichen Fähigkeit einer »komplexen und gewissenskompatiblen Entscheidungsfindung« (Streng 2009, 100) aus und orientiert sich damit am Freiheitserleben der Bürger aus ihrer jeweiligen Binnenperspektive.

Zweitens erfüllt das Strafrecht auch Zwecke, die unabhängig von der Frage um Willensfreiheit und Schuldfähigkeit bedeutsam sind (Merkel 2008, 363). Diese bestehen vor allem in der Aufrechterhaltung zentraler Normen des gesellschaftlichen Zusammenlebens. Um die Geltung einer Norm glaubhaft wiederherzustellen, bedarf es zumindest deklaratorisch einer Personalisierung der Schuld (ebd., 367), auch wenn dies im Einzelfall dazu führen mag, dass eine Person für ihr »So-Gewordensein« und nicht für ihre Handlung bestraft wird. Die zentrale Funktion der Strafe besteht dieser Position zufolge in der Stabilisierung von Gesetzen, welche die Zuschreibung von Verantwortung und Schuld voraussetzt. Eine solche Position orientiert sich pragmatisch an den gesellschaftlichen Zwecken des Strafrechts, weniger an seiner Gerechtigkeit.

Drittens lässt sich für eine Revision bzw. Präzisierung des strafrechtlichen Schuldbegriffs plädieren, was ein Verständnis menschlicher Freiheit voraussetzt, das mit deterministischen Positionen kompatibel ist (Hirsch 2010, 67). So ließe sich präzisieren, dass der im Strafrecht vorausgesetzte Begriff der Willensfreiheit nach »menschliche[m] *Selbst*verständnis« gebildet wird, als die Tatsache, im »*Bewusstsein* der Freiheit« zu handeln (ebd., Herv. F.D.). Damit wird die Binnenperspektive der Handelnden als Maßstab strafrechtlicher Schuld angelegt. Darüber hinaus ließe sich § 20 des Strafgesetzbuches über die Schuldfähigkeit im Hinblick auf die neueren neurowissenschaftlichen Erkenntnisse über die Steuerungs- und Einsichtsfähigkeit einzelner Personen revidieren.

Eine vierte mögliche Konsequenz besteht darin, den Schuldbegriff gänzlich aus dem Strafrecht zu tilgen (Hörnle 2013). Die Strafe ließe sich an das Tatunrecht binden, sodass ein Täter für eine Rechtsverletzung zur Verantwortung gezogen wird, ohne dass man davon ausgehen muss, er oder sie sei schuldig, hätte also auch anders handeln können. Das »Unwerturteil« begründet sich damit, dass es »der Sache nach angemessen« ist (ebd., 51). Sofern eine Rechtsgutverletzung vorliege und das Tatunrecht auf eine Person rückführbar sei, könne diese Person dafür zur strafrechtlichen Verantwortung gezogen werden. Klarheit darüber, ob sich die Person bewusst für ihre Tat entschieden hat, müsse keineswegs bestehen. Als Grund für die Bestrafung reiche es aus, dass eine objektive Rechtsgutsverletzung besteht, welche von ebendieser Person ausgegangen ist. Ob ein solches Vorgehen jenseits seiner Funktion der Stabilisierung der Rechtsordnung auch der verurteilten Person »gerecht« wird, erscheint allerdings erneut fragwürdig.

Gemäß der vierten Strategie bedürfte es neuer, eigenständiger Rechtfertigungsstrategien für die Strafe, die unabhängig vom Schuldvorwurf plausibel sind. Diese Rolle könnten beispielsweise general- und spezialpräventive Theorien übernehmen (vgl. Kap. 1.1), welche die Strafe funktional im Sinne des Schutzes der Gemeinschaft begründen und vom Schuldbegriff lösen. Die Bestrafung dient dann allein dem Ziel, Menschen von Straftaten abzuhalten und die Geltung von Normen angesichts bestehender Normbrüche durch die Bestrafung symbolisch zu bestätigen. Aktuelle Entwicklungen im Strafrecht, beispielsweise im Rahmen der Terrorismusbekämpfung oder der Sicherheitsverwahrung von als »gefährlich« eingestuften Tätern, gehen bereits mit dieser Forderung konform, indem sie die Strafpraxis nicht mehr an individueller Schuld, sondern an dem Sicherheitsbedürfnis der Bevölkerung ausrichten (Günther 2006a). Ob dies gegenüber dem Täter als moralisch gerechtfertigt einzustufen ist, ist jedoch ebenfalls höchst klärungsbedürftig. Eine solche Position verletzt die Würde des Menschen, sofern sie den Verurteilten zu einem Instrument degradiert, um das Sicherheitsbedürfnis der Bevölkerung zu befriedigen.

Fünftens sprechen neuere Erkenntnisse über neuronale und gehirnanatomische Veränderungen aufgrund negativer frühkindlicher Erfahrung beim Menschen dafür, den Fokus stärker auf die sogenannte Besserung durch Therapieangebote zu legen und damit spezialpräventive Aspekte statt moralische Schuld in den Vordergrund zu rücken (Roth 2009, 18). Dies wäre eine humanere Umgangsweise mit sozialer Devianz, die dem Täter oder der Täterin die Chance einräumen würde, sich durch Lernprozesse an gesellschaftliche Konventionen anzupassen (Singer 2004, 64). Menschen würden für ihr umweltbedingtes »So-Gewordensein« nicht bestraft, sondern ihnen würde geholfen, Verhaltensweisen zu entwickeln, die mit zentralen geteilten Normen konform gehen.

Ein solcher Ansatz läuft allerdings wiederum Gefahr, die Strafe durch den Euphemismus der »Besserung« zu bemänteln und durch erzwungene Therapiemaßnahmen zu einer noch weitergehenden Unterwerfung und Normalisierung devianter Personengruppen beizutragen. Es käme bei der Durchführung entsprechender Maßnahmen jedenfalls stark darauf an, ob dieses Therapieangebot freiwillig wäre und worin die normativen Ziele der jeweiligen »Besserung« lägen: Wenn Freiheit, Selbstbestimmung und soziale Empathie (und nicht allein normkonformes Verhalten) Ziele einer therapeutischen Begleitung von als »deviant« eingestuften Personen wären, so könnte dieser Weg eine transformative Kraft entfalten, gewaltförmige Beziehungen zugunsten aller Beteiligten zu verändern.

Eine alternative sechste Variante, mit den Herausforderungen der Debatte um die Willensfreiheit für das Strafrecht aus einer kritischen Perspektive – auch in Bezug auf äußere, milieuspezifische Determinanten – umzugehen, besteht in der Konsequenz, das Strafrecht radikal infrage zu stellen und die Ursachen für delinquentes Verhalten stärker in der Gesellschaft und nicht allein beim Täter zu suchen (Günther 2006a, 129–130). Die Zuweisung individueller Schuld in Kontexten kollektiver Ausgrenzung und Benachteiligung wäre demnach als ein sozialer Akt zu interpretieren, der das gegebene Gesellschaftmodell eher zu stabilisieren geeignet ist, als es gerechter zu gestalten. Vielmehr müssten diejenigen gewaltförmigen Prozesse, welche Täter (zum Teil bereits in ihrer frühkindlichen Entwicklung) zu solchen werden lassen, in den Fokus rücken und durch politische Prozesse nachhaltig verändert werden.

4. Kritik der Strafe und des Strafrechts

Dieses Kapitel widmet sich der Kritik des Strafens. Dabei verbindet die vorgestellten Formen der Kritik, dass sie die normativen Rechtfertigungen der Strafe (Kap. 1) mit ihren sozialen Funktionen und ihrer systematischen Bedeutung innerhalb gesellschaftlicher Strukturen (Kap. 2) kontrastieren und Erstere aus dem Blickwinkel Letzterer problematisieren. Zunächst widmet sich das Kapitel materialistischen Theorien des Rechts, diskutiert daran anschließend die sogenannten kritischen Rechtstheorien inklusive feministischer Ansätze sowie den Nexus von Neoliberalismus und erhöhter Punitivität. Abschließend kommen postkoloniale und *race*kritische Perspektiven der Strafrechtskritik zu Wort, und ein kurzer Exkurs zum südafrikanischen Konzept »Ubuntu« erläutert dessen Impulse für eine neuartige Konzeptualisierung wiederherstellender Gerechtigkeit jenseits einer einseitigen Politik des Strafens. Letztere Reflexionen leiten zum abschließenden Kapitel dieses Buches über, das von Alternativen zum Strafrecht handelt (vgl. Kap. 5).

4.1 Strafe und soziale Herrschaft (Marx/Engels, Paschukanis, Kirchheimer/Rusche)

Die materialistischen Straftheorien setzen sich mit dem jeweiligen Strafrecht einer Epoche als einem historischen Phänomen auseinander, das sie im Hinblick auf die jeweiligen sozioökonomischen Verhältnisse analysieren und erklären. Unter kapitalistischen Bedingungen fungiert das Strafrecht aus einer marxistischen Perspektive als Modus der Aufrechterhaltung von Klassenherrschaft. Im Folgenden werden einige der wichtigsten Straftheorien marxistischer Prägung chronologisch vorgestellt und kritisch gewürdigt – von Karl Marx und Friedrich Engels über Eugen Paschukanis bis Otto Kirchheimer und Georg Rusche.

Im Laufe der Publikation seiner Schriften radikalisiert Karl Marx (1818–1883) seine Herangehensweise an Fragen des Strafrechts. Er kritisiert das Strafrecht in einigen seiner Frühschriften im Hinblick darauf, dass es einseitig zugunsten der besitzenden Klasse ausgelegt und seinen eigenen normativen Ansprüchen, wie sie im Rahmen der Aufklärungsphilosophie von Kant und Hegel entwickelt wurden, nicht gerecht werde. In seinem späteren Werk geht Marx dagegen zu einer fundamentaleren Kritik des Strafrechts über und identifiziert es als gewaltvollen Mechanismus zur Aufrechterhaltung sozialer Klassenherrschaft. Letzterer Modus der Kritik zielt auf die Überwindung des Rechts durch die Überwindung der konkreten historischen Bedingungen kapitalistischer Produktionsweise und wird von Eugen Paschukanis in seiner Rechtslehre in diesem Sinne fortentwickelt.

Zunächst ist der Marx'sche Zugriff auf das Recht als ein historischer zu verstehen: Jede Gesellschaftsform produziert das ihr eigene Recht. Seinen Ausgang nimmt die Rechtsform in Gesellschaften, in denen Waren produziert und die Tauschverhältnisse vertraglich geregelt werden. Seinen Höhepunkt und die Deklaration zu etwas Universellem erfährt das Recht jedoch erst vor dem Hintergrund der kapitalistischen Produktionsweise, wo die Warenbesitzer miteinander in Konkurrenz treten. Es ist somit eingebettet in die Ökonomie, von der es jedoch nicht einseitig determiniert wird. Die Ökonomie ist vielmehr der

»Boden« des Rechts, das auf die wirtschaftlichen Entwicklungen reagiert, ohne völlig durch diese bestimmt zu werden (Henning 2005, 456). Das Recht ist weder überzeitlich zu rechtfertigen noch metaphysisch begründbar, sondern antwortet auf die jeweiligen gesellschaftlichen Verhältnisse in Form einer »reflexive[n] Ausarbeitung einer veränderten gesellschaftlichen Praxis« (Maihofer 1992, 196).

Marx bezieht sich in seiner Rechtskritik vorrangig auf das sogenannte Privatrecht, also das Recht, welches Rechtsstreitigkeiten zwischen Rechtssubjekten regelt. In einigen Texten befasst er sich jedoch auch konkret mit dem Strafrecht, dessen Gegenstand der Konflikt eines Rechtssubjekts mit den gesetzlichen Normen darstellt. Für seine Auseinandersetzungen mit dem Strafrecht sind seine Artikel in der *Rheinischen Zeitung* über die Holzdiebstahlgesetze aus dem Jahr 1842, die gemeinsam mit Friedrich Engels verfasste Schrift *Die Heilige Familie* (1845) und sein Aufsatz zur Todesstrafe, erschienen 1853 in der *New York Daily Tribune*, aufschlussreich. Man darf bei der Lektüre der journalistischen Texte von Marx allerdings nicht außer Acht lassen, dass diese in Debatten des Tages intervenierten und sich damit strategisch in politischen Diskussionen positionierten. So zielt Marx in seiner Kritik am Holzdiebstahlgesetz nicht auf eine grundlegende Kritik des Strafrechts, sondern gibt lediglich Empfehlungen, wie sich ein »weiser Gesetzgeber« zu verhalten habe – kritisiert das Strafrecht also in seiner konkreten Ausgestaltung durch den Gesetzgeber. Als Maßstab der Bewertung dessen, was eine Strafe zu leisten habe, orientiert Marx sich hier an den klassischen Straftheorien, wie sie von Kant und Hegel vorgebracht worden sind (Kap. 1.2), als deren immanente Rechtfertigung.

Strafen dürfen Marx zufolge allein Anwendung bei der Sanktion von Praktiken finden, die auch als Verbrechen zu bezeichnen sind, also jenen, die sich nach »Gegenstand« und »Gesinnung« auch in der »allgemeinen und authentischen Sprache« als solche auszeichnen (MEW 1, 112). Wenn jedoch Handlungen als Verbrechen deklariert werden, die eindeutig nicht in diese Kategorie fallen und von der Bevölkerung auch nicht als solche angesehen würden, so »lüge« das Gesetz. Es läuft dann Gefahr, seine eigene Geltung zu unterminieren (ebd.). Der konkrete historische Fall, auf den sich Marx bezieht, ist das Auflesen von »Raffholz« durch die verarmte Bevölkerung. Der Anlass seiner Interventionen war, dass diese Praxis im Landtag unter Strafe gestellt werden und der Waldeigentümer bei einem »Holzfrevel« mit der mehrfachen Summe des entwendeten Holzes entschädigt werden sollte. Das Aufsammeln von trockenem Holz zur Befriedigung grundlegender menschlicher Bedürfnisse, wie beispielsweise Wärme und Obdach, darf Marx zufolge jedoch nicht kriminalisiert werden. Es zum Verbrechen zu deklarieren entspricht weder der Bestimmung eines Verbrechens der Sache nach noch dem allgemeinen Rechtsverständnis des Volkes. Vielmehr handelt es sich hierbei um einen Konflikt zwischen Waldeigentümer und Menschen, die Holz aufsammeln, also um einen Widerstreit von Privatinteressen. Das herabgefallene Holz hatte bis dato nach dem Gewohnheitsrecht als Gemeineigentum gegolten. Nun soll der Staat für den Waldbesitzer Partei ergreifen und das Instrument des Strafrechts missbrauchen, um Privatinteressen einseitig zu schützen. Die Bedürfnisse der Armen werden dabei kriminalisiert, sodass das Strafgesetz zu einem Mittel der Aufrechterhaltung sozialer Herrschaft würde. Statt die Strafe im vergeltungstheoretischen Sinne nach Hegel als »Wiederherstellung des Rechts« zu begreifen (vgl. Kap. 1.2), zielt das Holzdiebstahlgesetz auf die »Wiederherstellung des Privateigentums« (ebd., 136).

Während die Strafe den klassischen Straftheorien zufolge allein als eine Konsequenz der verbrecherischen Tat erfolgen darf, so wird im Holzdiebstahlgesetz eine gewohnheitsmäßig im Volk verankerte Handlung aus Motiven, die nicht in der Handlung selbst begründet liegen, zu einer Straftat deklariert. In diesem Sinne wird die Strafe hier noch nicht einmal ihren eigenen Rechtfertigungsgründen, wie sie im Rahmen idealistischer Aufklärungsphilosophie artikuliert wurden, gerecht und degeneriert zum reinen Durchsetzungsmittel der Interessen der Waldeigentümer. Marx appelliert in diesem Zusammenhang an das Selbstverständnis der Gesetzgeber als Vertreter eines »modernen« Staates, die den Anspruch auf Gerechtigkeit der Strafe hegen sollten, um das Holzdiebstahlgesetz zu verhindern.

In der wenig später publizierten Schrift *Die Heilige Familie* (1845) setzen sich Marx und Engels nun kritisch mit der Vergeltungslehre auseinander. Marx greift das Thema zudem in seinem Artikel »Die Todesstrafe – Herrn Cobdens Pamphlet – Anordnungen der Bank von England« (1853) auf. Kant und später Hegel hätten die »einzig rechtliche Straftheorie« entwickelt, welche die Würde des Menschen auch beim Verbrecher achte und die sich davor verwahre, einen Menschen zur Einschüchterung anderer Menschen zu instrumentalisieren (MEW 2, 190). Die Strategie der Abschreckung habe bislang zu keinem ersichtlichen Resultat geführt. Letztlich blieben aber auch Kants und Hegels Straftheorien abstrakt und seien lediglich eine metaphysische Ausformulierung des Talionsrechts, dem zufolge Gleiches mit Gleichem vergolten werden soll (MEW 8, 508; vgl. Exkurs Kap. 1). Es sei widersinnig, wie Hegel davon auszugehen, dass das Recht den Verbrecher durch die Strafe »anerkennt«; denn schließlich ist und bleibt die Strafe ein unmenschlicher Zwang. Das abstrakte Recht verkennt die konkrete Individualität des Verbrechers (MEW 2, 190). Es begreife den Menschen als intelligibles und nicht als konkretes soziales Wesen (Maihofer 1992, 203). Losgelöst von den realen Verhältnissen erkennt die idealistische Vergeltungslehre das Strafrecht nicht als soziale Praxis, die »nichts anderes [ist] als ein Verteidigungsmittel der Gesellschaft gegen die Verletzung ihrer Lebensbedingungen, was auch immer deren Inhalt sein mag« (MEW 8, 508). Unter den kapitalistischen Produktionsbedingungen der modernen bürgerlichen Gesellschaft werden Verbrechen geschaffen und Menschen zu Verbrechern gemacht, um den Status quo zu festigen. Aufgrund dieses sich perpetuierenden Kreislaufes, der selbst hervorbringt, was er gewaltvoll bekämpft, fragt Marx den Leser und die Leserin: »[...] besteht da nicht die Notwendigkeit – statt den Scharfrichter zu verherrlichen, der eine Partie Verbrecher beseitigt, nur um wieder Platz für neue zu schaffen – ernstlich über die Veränderung des Systems nachzudenken, das solche züchtet?« (Ebd., 509)

Da das Strafrecht kein zeitloses Phänomen ist, das es stets gab und stets geben muss, sondern vielmehr ein historisches Phänomen, welches an seine jeweilige Epoche gebunden ist, kann es aus marxistischer Perspektive auch überwunden werden. Im Recht der bürgerlich-kapitalistischen Epoche klaffen Form und Inhalt auseinander: Während das Recht der Form nach behauptet, für alle gleichermaßen zu gelten, und im Rechtsstaat alle Bürger als Gleiche vorausgesetzt werden, verschleiert es vordergründig, was es hintergründig ermöglicht, nämlich die soziale Herrschaft einer Gruppe von Menschen, den Eigentümern an den Produktionsmitteln, gegenüber einer anderen Gruppe von Menschen, den Arbeitern. Das Vertragsverhältnis zwischen Kapitalist und Arbeiter ermöglicht die einseitige Aneignung und Ausbeutung von dessen Arbeitskraft, und der Arbeitsvertrag vermittelt den Anschein, dabei würde Gleiches mit Gleichem freiwillig getauscht – die Arbeitskraft gegen den Lohn. Die scheinbare Gleichheit und Freiheit beider Vertragspartner verdeckt jedoch das soziale Herrschaftsgefüge, welches zwischen beiden besteht. Der Kapitalist eignet sich den Mehrwert an, der durch dieses entsteht. Der Arbeiter ist dagegen der Verfügungsgewalt des Kapitalisten ausgeliefert. Er ist nicht mehr »frei«. Das vertraglich geregelte Arbeitsverhältnis lässt als gleichberechtigt erscheinen, was auf der einseitigen Ausbeutung und Beherrschung des Arbeiters durch den Kapitalisten basiert (Menke 2013, 278). Das Recht, und damit auch das Strafrecht, ist innerhalb der bürgerlichen Epoche damit ein Mittel der Verschleierung realer Herrschaftsverhältnisse. Die Strafe, prophezeit Marx, werde sich »unter menschlichen Verhältnissen« aufheben, indem sie sich darauf reduziert, »das Urteil des Fehlenden über sich selbst« zu sein (MEW 2, 190).

Der sowjetische Rechtswissenschaftler Eugen Paschukanis (1891–1937) machte es sich zur Aufgabe, die im Werk von Marx und Engels angelegte Rechtstheorie zu explizieren und fortzuentwickeln. In seiner Monografie *Allgemeine Rechtslehre und Marxismus* (1924) versucht er, eine umfassende marxistische Theorie des Rechts darzulegen. Darin analysiert er die »Rechtsform« in Analogie zur »Warenformanalyse«, wie sie von Marx im ersten Band des *Kapitals* durchgeführt worden ist (Buckel 2007, 94–95). Die Ursache für die Entwicklung der Rechtsform sei das Aufeinanderprallen unterschiedlicher Interessen von egoistisch handelnden Individuen innerhalb einer warenproduzierenden Gesellschaft. Die »Rechtsform« hat damit ihren Ursprung in Gesellschaften, die durch den Austausch von Waren geprägt sind. Eine solche Gesellschaft produziert Subjekte, die ihrem jeweiligen Eigeninteresse gemäß handeln und miteinander in Konkurrenz treten. Damit bekommt der Strafprozess den Charakter eines Handelsgeschäfts (ebd., 154): Der oder die strafrechtlich

Verurteilte »zahlt« sein oder ihr Verbrechen ab (Hudson 2003, 119).

Paschukanis zufolge löst sich im Strafrecht »das juristische Moment zuerst und am krassesten vom Alltag los und wird vollkommen selbständig« (1970, 150). Es wird zu einem Mittel der Ausbeutung und Disziplinierung der Bürger und der Stabilisierung der Machtverhältnisse. In der modernen Gesellschaft dient das Strafrecht als ein Mittel der Bourgeoisie, ihre Klassenherrschaft zu festigen. Dafür findet Paschukanis harte Worte: »Die Kriminalgerichtsbarkeit des bürgerlichen Staates ist der organisierte Klassenterror, der sich von den im Bürgerkriege angewandten sogenannten außerordentlichen Maßnahmen nur dem Grade nach unterscheidet.« (Ebd., 157). Schließlich sei es eine rechtstheoretische Fiktion, dass der Staat und das durch ihn beschlossene Recht die Interessen der Gesamtgesellschaft vertrete. Vielmehr manifestiert sich auch im Recht die antagonistische Natur des Klassenkampfes, die sich in der Wende vom 19. zum 20. Jahrhundert in Arbeitskämpfen und innerhalb der Kolonialpolitik zeigt. Da das Strafrecht als ein Mittel des Klassenkampfes fungiere, sei es auch kaum verwunderlich, dass mit dem Erstarken der Arbeiterbewegung jene abschreckenden und besonders grausamen Strafen, die während der Aufklärung abgeschafft worden sind, eine Renaissance erleben. Mit dem Anwachsen von sozialen Spannungen, so seine Hypothese, ließen sich auch die scheinbar unparteiischen Gerichte verstärkt von politischer Zweckmäßigkeit leiten. Dabei gewinnt die Freiheitsstrafe als spezifische Form der Strafe innerhalb der bürgerlich-kapitalistischen Epoche zunehmend an Bedeutung.

Die Aufhebung dieser gesellschaftlichen Antagonismen wird Paschukanis zufolge auch zur Überwindung des Strafrechts führen. Und schließlich wird auch das Absterben des »rechtlichen Überbaus« die »egoistisch isolierten Subjekte« als Träger autonomer Privatinteressen verschwinden lassen (ebd., 173–174). In einer zukünftigen Gesellschaft, prognostiziert Paschukanis, könnten gesellschaftliche Sanktionen auf »medizinisch-pädagogische« Funktionen reduziert werden. Es würden dann nicht mehr Straftatbestände deklariert, sondern »Symptome« erfasst, die auf Gefährdungen des Gemeinwesens hindeuteten und die es auf anderem Wege zu lösen gelte.

Für die Kritiker Paschukanis' ist seine Konzeptualisierung des Rechts als »Reflex« auf die jeweiligen materiellen Verhältnisse (also auf die Marx'sche ökonomische »Basis« innerhalb eines Basis-Überbau-Modells) zu wenig dialektisch und zu orthodox konzipiert. Der Politologe und Soziologe Nikos Poulantzas etwa wendet gegen Paschukanis ein, dass durch eine rein ökonomistische Deutung die jeweilige Autonomie einer Sphäre, wie derjenigen des Rechts, nicht adäquat erfasst werden könne (Poulantzas 1972, 185). Paschukanis liefere, so auch die Kritik von Andrea Maihofer, eine *»Rechtstheorie ohne Analyse des Rechts«* (Maihofer 1992, 29), welche eben nicht in der Lage sei, die Spezifika des Rechts im Allgemeinen und des Strafrechts im Besonderen herauszuarbeiten. Auch wenn die Ökonomie in letzter Instanz die Sozialstruktur bestimme, so könnten in kapitalistischen Gesellschaften auch andere Sphären, wie diejenige des Staates oder des Rechts, eine dominante Rolle einnehmen. Es bedürfe deshalb einer Analyse, welche die *»konkrete juristische Schicht einer historischen und sozialen Formation«* untersuche und die dem Recht jeweils eigenen Strukturen zu fassen vermöge (Poulantzas 1972, 192).

Ein Modell, wie es von Paschukanis entworfen wird, kann dagegen keine juridischen Entscheidungen erklären, die sich der Logik der Determination des Rechts durch die Ökonomie entziehen und durchaus eine gewisse Autonomie der rechtlichen Sphäre manifest werden lassen: Auch unterdrückte Subjekte können innerhalb der bürgerlichen Gesellschaft das (Straf-) Recht nutzen, um sich gegen Ausbeutung, Benachteiligung und Exklusion zur Wehr zu setzen. Sie können beispielsweise gegen inhumane Arbeitsbedingungen und gegen Diskriminierung durch öffentliche Institutionen mithilfe des Rechts kämpfen. Zugleich funktioniert die repressive Seite des Rechts nicht allein der Klassenzughörigkeit entsprechend, sondern auch entlang anderer Achsen der Unterdrückung wie Geschlecht oder *Race* (Buckel 2009, 121). Und nicht zuletzt kann das Recht im Sinne sozialer Rechte ausgedehnt werden und sich damit der Logik der wirtschaftlichen Profitmaximierung widersetzen (Fischer-Lescano & Möller 2012). Diese Momente der Widerständigkeit des Rechts werden in einer reduktiven Lesart, welche es einseitig als Mittel der Klassenherrschaft deutet, ausgeblendet.

Die Studie *Sozialstruktur und Strafvollzug* (1939) von Georg Rusche (1900–1950) und Otto Kirchheimer (1905–1965) gilt als eine weitere der wichtigsten Analysen der Strafe in der marxistischen Tradition (Garland 1990, 89). Vermutlich kannten die beiden Autoren Paschukanis' Studie noch nicht, als sie an dem Buch arbeiteten, und gehen deshalb nicht auf sie ein (Melossi 1978, 75–76). Ziel der Studie ist die Analyse der Beziehung zwischen Produktionsverhältnissen, die sich insbesondere im Arbeitsmarkt verdichten, und den jeweiligen Strafpraktiken (Rusche/Kirchheimer 1939, 5). Sie operiert anhand einer Untersuchung der Transformationen unterschiedlicher Strafsysteme als soziale Phänomene in Abhängigkeit von der jeweiligen Sozialstruktur. Dies erfordert einen Wechsel der Blickrichtung weg von klassischen straftheoretischen Begründungsmodellen, wie denjenigen der »Vergeltung« oder der »Besserung«, hin zu den Klassenkämpfen, welche strafpolitischen Entscheidungen zugrunde liegen und diese motivieren.

Nach Erscheinen der englischen Originalausgabe 1939 wurde die im Kontext des Frankfurter Instituts für Sozialforschung publizierte Studie für gut dreißig Jahre mehrheitlich ignoriert (Günther 2006b, 284). Zum Zeitpunkt ihrer Veröffentlichung war das Institut aufgrund der nationalsozialistischen Herrschaft gerade erst in die USA emigriert. Mit einer Neuausgabe des Buches 1968, der kritischen Rezeption durch die aufkommende Radikale Kriminologie und die Kriminalsoziologie sowie der deutschen Veröffentlichung im Jahr 1974 wurde dem Werk vermehrte Aufmerksamkeit zuteil. Sein Entstehungskontext ist durch die politischen Unruhen und Verfolgungen während der Jahre des Zweiten Weltkriegs geprägt und für seine Rezeption aufschlussreich: Georg Rusche trat nach seinem Studium in London, Paris und Köln und einer Promotion im Bereich der Rechtsphilosophie 1931 dem Frankfurter Institut unter Leitung von Max Horkheimer bei (Melossi 1978). Seine ersten Arbeitsergebnisse und die daran anschließende Forschungsprogrammatik wurden im Jahr 1933 unter dem Titel »Arbeitsmarkt und Strafvollzug. Gedanken zur Soziologie der Strafjustiz« in der Zeitschrift des Instituts veröffentlicht. Nach der Machtübernahme der nationalsozialistischen Partei in Deutschland flohen die meisten Institutsmitglieder entweder in andere europäische Länder oder in die USA. Rusche ging nach Paris, London und später nach Palästina ins Exil. Vermutlich wegen seiner deutschen Staatsangehörigkeit wurde er von 1939 bis 1941 in Großbritannien in einem Lager interniert. Rusche stellte die erste Version des Manuskripts noch vor seiner Zeit in Palästina fertig. Nach der Konsultation von zwei Gutachtern und der Diskussion innerhalb des Instituts wurde jedoch entschieden, dass das Manuskript überarbeitet und um Analysen gegenwärtiger Tendenzen erweitert werden müsse. Weil sich Rusche während seines Aufenthalts in Palästina dazu nicht in der Lage sah, übernahm schließlich Otto Kirchheimer, ausgebildeter Kriminologe und Jurist, diese Aufgabe. Die doppelte Autorschaft erklärt manche Unstimmigkeiten der Studie. So teilte Rusche später Horkheimer in einem Brief auch mit, dass er mit der endgültigen Fassung des Buches nicht ganz glücklich sei (ebd., 73–74).

Methodisch zielt *Sozialstruktur und Strafvollzug* auf die Analyse der sozialen Funktionen von Strafpraktiken, die im Kontext ökonomischer Klassenbeziehungen als Mittel der Arbeitsmarktregulation eingesetzt werden. Historisch bearbeitet die Studie einen Zeitraum von tausend Jahren – vom Mittelalter bis in die erste Hälfte des 20. Jahrhunderts. Die Analysekategorien decken sich dabei weitestgehend mit den Forschungshypothesen von Rusche aus dem Jahr 1933 und können in drei verschiedene Thesenkomplexe unterteilt werden: Erstens die *Verschlechterungsthese*, der zufolge die Lage der Gefängnisinsassen nicht über das Versorgungsniveau der untersten sozialen Schicht angehoben werden darf, damit die Haft weiterhin ihre abschreckende Wirkung entfalten kann: »Nun lehrt uns die Erfahrung, dass die meisten Verbrechen von Angehörigen solcher Schichten begangen werden, auf denen ein starker sozialer Druck lastet [...]. Daher muß ein Strafvollzug, wenn er seiner Funktion nicht zuwiderhandeln soll, so beschaffen sein, daß gerade die kriminell am meisten gefährdeten Schichten bei rationaler Abwägung immer noch vorziehen, die verbotenen Handlungen nicht zu begehen, als der Strafe zum Opfer zu fallen.« (Rusche 1933, 65) Zweitens wird gemäß der *Arbeitsmarktthese* bei hoher Arbeitslosigkeit und demografischem Wachstum für schwere körperliche Züchtigung oder gar »rücksichtslose Vernichtung« der der Strafe Unterworfenen optiert (ebd., 68). Andersherum ist bei Arbeitermangel eine Abkehr von Körper- und Todesstrafen hin zum Arbeitszwang in den Gefängnissen zu verzeichnen: »In einer Gesellschaft, in der die Arbeiter knapp sind, wird der Strafvollzug ganz andere Funktionen haben. [...] Dann aber wird es sich rentieren, Verbrecher einzusperren und für ihre bloße Nahrung arbeiten zu lassen. [...] Auch der Verbrecher ist als Arbeitskraft noch wertvoll, man tötet ihn nicht gerne, sondern verwertet ihn, wenn es geht.« (Ebd., 69) Drittens bestimmen gemäß der *Fiskalthese* die jeweiligen monetären Interessen der herrschenden Klasse die Strafmethoden (Schumann 1981, 66).

Der letzteren These zufolge ist das frühe Mittealter durch Bußen und Geldstrafen geprägt, welche durch die fiskalischen Interessen der Feudalherren motiviert waren. Im späten Mittelalter nahmen mit dem Anwachsen der Bevölkerung auch die Verbrechen in Form von Eigentumsdelikten zu. Zu jener Zeit waren grausame Leibes- und Lebensstrafen in Form von Geißelung, Verstümmelung und Tötung dominant. Im 16. Jahrhundert führten der Dreißigjährige Krieg und Epidemien zu einem Arbeitskräftemangel. Die Märkte weiteten sich nun im Rahmen des Überseehandels und des Imports neuer Edelmetalle aus. Während des Merkantilismus ist die Arbeitskraft der Arbeiter daher wieder begehrt. Die Freiheitsstrafe löst die bisherigen martialischen Strafformen weithin ab, um sich die Arbeitskraft der Gefangenen nutzbar zu machen. Zugleich erfolgt eine »Humanisierung« des Strafvollzugs: Die Zuchthäuser wandeln sich einerseits zu Orten der Bildung und Besserung ihrer Insassen, darüber hinaus werden sie aber auch zu Institutionen der Disziplinierung arbeitsunwilliger Delinquenten. Erst die Technisierung im Rahmen der industriellen Revolution hebt den Arbeitermangel auf. Im Monopolkapitalismus entsteht eine industrielle Reservearmee, welche die ökonomische Funktion der Zuchthäuser obsolet werden lässt. Nun kehren einige Strafpraktiken des Mittelalters zurück: »Aus sinnvollen Zwangsarbeitsanstalten wurden die Zuchthäuser zu Orten bloßer Quälerei, geeignet, auch noch den Elendsten abzuschrecken.« (Rusche 1933, 74)

In den USA hingegen ist die Nachfrage nach Arbeitern im 19. Jahrhundert weiterhin konstant. Es kommen viele ungelernte Einwanderer ins Land. Das sich durchsetzende »Auburn-System«, das gemeinschaftliche Arbeit als Mittel der Disziplinierung und Erziehung bei gleichzeitiger Einzelhaft über Nacht vorsieht, lässt die Gefängnisse zu rentablen Produktionsstätten werden. Während im frühen 20. Jahrhundert in Europa die größte Armut durch sozialpolitische Maßnahmen abgefedert wird, verschärfen sich die sozialen Spannungen in den USA. Im Deutschland der 1920er Jahre verbessert sich die Haft trotz der ökonomischen Krisen, in den USA bricht der humane Strafvollzug in dieser Zeit hingegen zunehmend zusammen und macht einem brutalen und repressiven Strafsystem Platz. Im Nationalsozialismus allerdings verschärft sich auch in Deutschland der Strafvollzug trotz wachsenden Arbeitskräftebedarfs.

Die Entwicklungen vom späten Mittelalter bis zur industriellen Revolution bestätigen den Autoren zufolge die Arbeitsmarktthese. Für die Zeit der Weimarer Republik hat die Fiskalthese einige Erklärungskraft, für die NS-Zeit dagegen die Verschlechterungsthese. Die Korrelation zwischen Arbeitsmarktpolitik und Strafvollzug lässt sich demnach nur für die Zeitspanne zwischen dem späten Mittelalter und der industriellen Revolution verifizieren (Schumann 1981, 68).

Kritik hat sich einerseits an der historischen Korrektheit dieser umfassenden Studie entfaltet und andererseits an der einseitigen Priorisierung der Arbeitsmarktregulation als vorrangigem Erklärungsinstrument. Dieser Analyserahmen ist besonders für die unterschiedlichen Entwicklungen des Strafvollzugs im 20. Jahrhundert (wie beispielsweise der Entwicklung des Strafrechts unter der NS-Herrschaft) nicht mehr ausreichend und unterschätzt zudem zahlreiche kulturelle und politische Variablen, welche die Transformationen im Strafvollzug mitbestimmen. Die

Frage, warum das Gefängnis als dominante Strafform selbst nach der industriellen Revolution fortbesteht, ist durch die Arbeitsmarkthypothese allein nicht angemessen zu erklären. Darüber hinaus unterscheiden sich die einzelnen Strafsysteme der westlichen kapitalistischen Länder in ihrer Genese voneinander. Diese Unterschiede lassen sich nicht allein durch die Produktionsverhältnisse erklären (Garland 1990, 107). Vielmehr bedarf es auch einer soziologischen Analyse der ideologischen, kulturell-symbolischen und kommunikativ-expressiven Dimension der Strafe, die beispielsweise auch die häufige Befürwortung harter Strafen durch Angehörige der Unterschicht zu erklären vermag (ebd., 109). Nicht zuletzt waren es religiös inspirierte und sozial-karitative Reformbewegungen, die zu einer Humanisierung des Vollzugs beigetragen haben, gerade im Rahmen des Auburn-Systems in den USA (Schumann 1981, 70). Wenn Rusche und Kirchheimer also auch ein beeindruckendes Tableau der Beziehungen zwischen Arbeitsmarktpolitik, demografischen Entwicklungen, fiskalischen Interessen und Strafpraktiken gezeichnet haben mögen, wird doch schon anhand ihrer eigenen Ergebnisse ersichtlich, dass sich historische Entwicklungen eben nicht allein aus einer ökonomistisch verengten Perspektive deuten lassen, sondern auch andere gesellschaftliche, kulturelle und politische Faktoren als Erklärungsvariablen bedeutsam sind.

Insgesamt zeigt sich mit Blick auf aktuelle Phänomene die begrenzte analytische Kraft einer rein materialistischen Deutung des Strafrechts: So lässt sich mit ihr nicht plausibel machen, warum mit der Zunahme sozialer Ungleichheit und im Zuge neoliberaler Reformen, welche die Logik der Ökonomisierung in fast alle Bereiche des sozialen Lebens vordringen lassen, das Strafrecht nicht zwingend und nicht in allen seinen Bereichen gleichermaßen verschärft wird. Auch länderspezifische Entwicklungen innerhalb unterschiedlicher Rechtstraditionen und politischer Systeme werden hierbei außer Acht gelassen. Ebenso verkennt eine Perspektive, die das Recht auf seine Funktion zur Herrschaftsstabilisierung reduziert, dessen emanzipatorische Seite im Sinne des Einforderns von Rechten, eines »Rechte-Habens«, insbesondere gegenüber staatlichen Autoritäten. Eine einseitige Lesart des Rechts übersieht das Widersprüchliche des Sozialrechts in seiner befähigenden wie auch in seiner unterwerfenden Logik (Menke 2013). Und blicken wir im Besonderen auf das Strafrecht, so zeigt sich gerade dort, wie umkämpft das Recht politisch ist – wenn beispielsweise von feministischer Seite eine härtere Bestrafung von sexueller Gewalt und Nötigung eingefordert wird. In solchen Aushandlungsprozessen sind es nicht zuletzt schwächere gesellschaftliche Akteure, die darum bemüht sind, das Strafrecht als Mittel des Schutzes gegenüber mächtigeren Akteuren zu nutzen. In einer ökonomistischen Deutung des Strafrechts können diese komplexen Kämpfe und teilweise paradoxen Entwicklungen nicht adäquat erklärt werden oder bleiben gar unsichtbar.

4.2 Radikale, kritische und feministische Positionen zur Strafe

In den 1960er Jahren erhielt die (neo-)marxistische Straftheorie durch die Protestbewegungen in Europa und den USA neuen Aufwind. Die Studentenbewegung protestierte damals gegen den Vietnamkrieg, die Bürgerrechtsbewegung in den USA kämpfte für gleiche Rechte der schwarzen Bevölkerung und die Anti-Psychiatriebewegung jener Jahre wendete sich gegen die Internierung von Menschen mit von gesellschaftlichen Normen abweichenden Verhaltensmerkmalen in »totalen Institutionen« (Goffman 1973).

Das durch die nationalsozialistische Politik erzwungene Exil des Frankfurter Instituts für Sozialforschung an der Columbia University führte zu einer verstärkten Rezeption der Schriften von Georg Rusche und Otto Kirchheimer, von Herbert Marcuses Kritik am »eindimensionalen Menschen« (1967) und der Studien über die autoritäre Persönlichkeit unter der Forschungsdirektion von Theodor W. Adorno (1973) in den USA. Der Marxismus wurde an den US-amerikanischen Universitäten wieder salonfähig, und die Schriften von Marx, Engels und Paschukanis wurden wiederentdeckt, neu interpretiert und mit sprachphilosophischen Ansätzen kombiniert. Dadurch politisierte sich die akademische Wissenschaft und positionierte sich zunehmend mit Blick auf die innerhalb und außerhalb der Universitätsmauern ausgetragenen sozialen Kämpfe. Hierbei entstand eine partielle Solidarisierung zwischen Wissenschaftlern, Studenten und den marginalisierten städtischen Armen, der schwarzen Bevölkerung, den Homosexuellen und den Gefangenen. Diese Identifikation mit den *Outcasts* sowie das Erstarken der Soziologie manifestierten sich auch im Nachdenken über soziale Abweichung. Während die klassische Ätiologie innerhalb der Kriminologie nach den Ursachen von Kriminalität einzelner Bürger gesucht hatte und deren Verhalten als pathologisch deutete, entstanden nun Ansätze, denen zufolge auch kriminelles Verhalten innerhalb spezifischer sozialer Lebenslagen subjektiv rational erscheinen kann. Nicht die Handlung selbst sei problematisch (beispielsweise der Konsum von leichten Rauschmitteln oder eine besondere sexuelle Praxis). Vielmehr sei es das System der abwertenden Zuschreibung und der sozialen Kontrolle, welches diese Handlungen gewaltvoll zu unterdrücken versuche, bestimmte Bevölkerungsgruppen stigmatisiere und damit zur Verschlechterung von deren Lebenslagen führe.

1971 erscheint in den USA der Band *A Struggle for Justice*, in dem Wissenschaftler, Aktivisten und ehemalige Häftlinge gemeinsam eine radikale Kritik am Strafvollzug ihrer Zeit üben (American Friends Service Committee 1971). Den Autoren zufolge beschönigten die Vertreter der Resozialisierungstheorie, die sich seit den 1960er Jahren verstärkt gegen das bestehende Strafsystem wandten und auf die Reintegration der Gefangenen in die Gesellschaft zielten, die de facto repressiven und autoritären Strukturen im Strafvollzug. Auch das sogenannte wohlfahrtsstaatliche Strafen, das sich um eine Humanisierung des Strafvollzugs bemühte, sei hochgradig paternalistisch und diskriminierend. Als Besserungswürdige würden die Häftlinge auch in diesem System als »a-normal« stigmatisiert und Praktiken der Kontrolle und Normalisierung unterworfen (Foucault 1994; Garland 2001, vgl. Kap. 4.3). Empirische Studien schienen die Misserfolge von Maßnahmen zur Resozialisierung zu untermauern. Während sich die klassische Pönologie, die Wissenschaft vom Strafen, auf das gesellschaftlich non-konforme Individuum als Problem und Ursache von Kriminalität fokussiert hatte, forderten kritische Stimmen innerhalb der Kriminologie nun zunehmend, die Aufmerksamkeit auf die gesellschaftlichen Ursachen und die sozialen Beziehungen zu verlagern, welche kriminelle Akte als solche überhaupt definieren und hervorbringen.

Wandte sich die sogenannte *Radikale Kriminologie* den gesellschaftlichen Wurzeln (lat.: *radix*, Wurzel, Ursache) von Kriminalität zu (Michalowski 1988, 35–36), so entstanden mit einem ähnlichen Gestus des Widerstands gegenüber der etablierten Kriminologie in den späten 1960er Jahren in Großbritannien die *New Criminology*, in den USA die *Critical Legal Studies*, in Lateinamerika die *Criminología crítica* und in Deutschland die *Kritische Kriminologie.* Beeinflusst waren auch diese Strömungen durch das Wiedererstarken des Marxismus und neomarxistischer

Staatstheorien, durch den symbolischen Interaktionismus, durch konflikttheoretische Ansätze und die Etikettierungsperspektive (engl.: *labeling approach*).

Der *Konflikttheoretische Ansatz* basierte auf der Annahme, dass Gruppenkonflikte eine Konstante des gesellschaftlichen Zusammenlebens bilden und dass das Recht von jener Gruppe bestimmt wird, die sich als die mächtigere erweist (Michalowski 1988, 39). Damit widerspricht diese theoretische Perspektive der Annahme, der Staat könne seine Politik auf prinzipiell gleiche Interessen und einen unterstellten gemeinsamen Willen des Volkes gründen. Vielmehr hätten unterschiedliche Gruppen unterschiedlich großen Einfluss bei der Durchsetzung gesellschaftlicher Normen (Lamnek 2008, 35). Dies wird beispielsweise in den Kriminalisierungsmustern der Drogenpolitik deutlich, wie David Cole eingängig argumentiert: In den USA wird der Konsum von Crack sehr viel (nämlich hundertmal) härter bestraft als der von Kokainpulver, obwohl es sich um dieselbe Substanz handelt. Cole zufolge ist dies dadurch zu erklären, dass Afroamerikaner neunzig Prozent derjenigen ausmachen, die wegen des Konsums von Crack verurteilt werden, und der Kongress, der das entsprechende Gesetz beschloss, mehrheitlich aus Weißen bestand. Als weiße Jugendliche in den 1960er Jahren anfingen, massenweise Marihuana zu konsumieren, erfolgte dagegen eine Reduzierung des Strafmaßes für Marihuanakonsum, und der Besitz von Marihuana wurde sukzessive entkriminalisiert. Die herrschende Elite mit Zugang zu den relevanten Entscheidungsgremien schützte also ihr eigenes Klientel vor dem Zugriff strafrechtlicher Institutionen (Cole 2001, 26–27). Die konflikttheoretische Perspektive stellt den Anspruch rechtlicher Institutionen, das Gesetz unabhängig und neutral zu setzen und anzuwenden, infrage. Vielmehr unterstreicht sie, wie mithilfe des Strafrechts besondere Privilegien und Machtpositionen einseitig geschützt werden.

Die *Etikettierungsperspektive*, die insbesondere durch den in Berkeley ausgebildeten Kriminologen und Soziologen Fritz Sack in die deutschsprachige Diskussion eingeführt wurde, betont die soziale Konstruktion von Kriminalität. Dieser Ansatz basiert auf dem *Symbolischen Interaktionismus*, dem zufolge Menschen auf Objekte gemäß etablierten gesellschaftlichen Zuschreibungen reagieren. Es gibt demnach kein »natürlich deviantes« Verhalten, das objektiv und neutral als solches festgestellt werden könnte (Michalowski 1988, 38). Vielmehr sind es Selektionsmechanismen entlang der sozialen Stratifikation einer Gesellschaft, welche einzelne Personengruppen kriminalisieren: »Die Verteilungsmechanismen der negativen Eigenschaft ›Kriminalität‹ sind ebenso ein Produkt gesellschaftlicher Auseinandersetzungen wie diejenigen, die die Verteilung positiver Güter in einer Gesellschaft regeln.« (Sack 1968, zit. in Lamnek 2008, 33). Der provokative Zug dieser Perspektive liegt darin, abweichendes Verhalten als solches nicht zu verurteilen (Garland 2001, 140). Der zugrunde liegende normative Impuls besteht vielmehr in der Behauptung, dass die Erzeugung normkonformen Verhaltens eine Verengung auf wenige spezifische Praktiken menschlicher Vielfalt und Kreativität bewirke.

Die neue, radikale Kriminologie zielte folglich auf eine Politisierung von Devianz und die Affirmation bestehender Heterogenität vor dem Hintergrund gesellschaftlicher Liberalisierungstendenzen (Melossi 2008, 182). Sie wendete sich gegen die mediale Panikmache einer scheinbar überhandnehmenden Kriminalität (Garland 2001, 139). Die Verbündeten dieser akademischen Strömung fanden sich in der radikalen Sozialarbeit und, wie bereits erwähnt, in der Anti-Psychiatriebewegung sowie bei den Betroffenen selbst. Die wissenschaftlichen Vertreter dieser Strömung hegten den Anspruch, einen konkreten Bezug zur gesellschaftlichen Praxis zu pflegen und selbst politisch zu agieren. Als fundierende normative Quellen bezogen sich die Autoren auf die Menschenrechte und die Menschenwürde. Mit der Anti-Psychiatriebewegung teilte die Kritische Kriminologie das Bestreben, gesellschaftliche Abweichungen zu entkriminalisieren. Entscheidend sei die Frage, wie die Gesellschaft mit Vielfalt umgehe.

Im US-amerikanischen Kontext spielte die mit dieser Perspektive einhergehende Ablehnung von jeglichen wohlfahrtsstaatlich orientierten strafrechtlichen Institutionen als Instanzen der Kontrolle und Normierung von gesellschaftlicher Diversität allerdings paradoxerweise der konservativen Rechten in die Hände und trug zum Ende des *penal welfarism* bei, während strafrechtliche Sanktionen zugleich brutal verschärft wurden (Garland 2001, 141). Die radikalen Kriminologen, häufig selbst Nutznießer der Demokratisierung von Bildungsinstitutionen in der wohlfahrtsstaatlich orientierten und wirtschaftlich prosperierenden Nachkriegsepoche, hatten also etwas voreilig an dem Ast gesägt, auf dem sie saßen, und dessen Früchte zu leichtfertig aufs Spiel gesetzt.

Eine verwandte Strömung der Rechtskritik in den USA, die sich in den späten 1970er Jahren formierte, waren die *Critical Legal Studies*. Sie waren vornehmlich in den *Law Schools* der USA beheimatet und stark von kulturtheoretischen und literaturwissenschaftlichen Methoden beeinflusst. Ihre Vertreter wendeten sich gegen den herrschenden Rechtsformalismus und analysierten das Recht vornehmlich auf einer sprachlichen Ebene. Mit Günter Frankenberg zu sprechen, handelte es sich hierbei um eine Strömung, die den Mainstream des rechtswissenschaftlichen Denkens radikal verweigerte und die »Fortsetzung der Studentenrevolte mit den Mitteln der Rechtswissenschaften« anstrebte (2009, 101). In den 1990er Jahren splitterten sich die *Crits* in *FemCrits*, *RaceCrits*, *Postcolonial Legal Theory*, *Cultural Studies of Law* etc. auf (ebd., 97). Diese heterogene Mischung an radikalen Rechtskritikern einte die Ablehnung des vorherrschenden liberalen Rechtsformalismus, der sich als objektiv und neutral ausgibt, in Wirklichkeit aber politisch und ideologisch operiere (Kelman 1987; Kairys 1998). Die Gesetzestexte seien nämlich stets für verschiedene Auslegungen offen, also »unbestimmt« (*indeterminate*). Mithilfe der immanenten Dekonstruktion von Rechtstexten sollten diese Offenheit und die in sie eingelassenen Widersprüche aufgedeckt werden. Die Sprache des Rechts sei durch die Richtenden leicht zu instrumentalisieren, was sich in der Benachteiligung von Mitgliedern unterdrückter Gruppen wie beispielsweise Arbeitern, Frauen, Schwarzen und Homosexuellen manifestiere.

Eine Methode, deren sich die Crits bedienen, ist neben der Dekonstruktion das *»trashing«*. Trashing zielt auf die Offenlegung der Unbestimmtheiten von Rechtstexten und das Herausarbeiten von Widersprüchen, die den Gesetzestexten immanent sind. Es betont auch die Hierarchien, die durch das Recht geschaffen und reproduziert werden, und hinterfragt das Recht auf der Basis seiner eigenen Ansprüche. Der Gesetzestext erweist sich den *Crits* zufolge als kontingent und ist damit offen für Auslegungen je nach politischer Couleur und materiellem Interesse: »In spiegelbildlicher Umkehrung des Regelfetischismus der Begriffsjurisprudenz halten die Regelskeptiker alle rechtlichen Urteile und Begründungen für Dezisionen, die keiner juristischen Logik oder Methodik gehorchen.« (Frankenberg 2009, 106) Zugleich verweisen die Crits auf den Einfluss der extralegalen Faktoren, also der gesellschaftlichen Bedingungen außerhalb der Sphäre des Rechts, welche die Rechtsprechung wider ihren eigenen Anspruch bedingen (Cardarelli & Hicks 1993, 528).

Dem emanzipatorischen Versprechen des Rechts als Mittel der Durchsetzung *gleicher Rechte* wird von den Crits eine Absage erteilt. Auch Forderungen nach alternativen Gesetzestexten, der Etablierung normativer Kriterien und anderen Änderungen in der Rechtsprechung verhalten sich die Crits gegenüber skeptisch. Ihr Anliegen liegt vornehmlich in der Entlarvung und Destabilisierung rechtlicher Dogmatik.

Die Radikale Kriminologie britischer Prägung bildete sich 1968 im Anschluss an die »National Deviance Conference« in York heraus. Wie die radikalen Strömungen in den USA ist sie durch den Symbolischen Interaktionismus und den Marxismus geprägt und fordert eine stärkere Praxisnähe der wissenschaftlichen Forschung. Durch die Verwendung des Begriffs »Devianz« grenzt sie sich gegen die Pathologisierung von Abweichung ab und setzt sich für die Anerkennung »alternativer Wirklichkeiten« ein (Taylor/Walton/Young 1973, 86). Das Plädoyer für Vielfalt, das die radikalen Devianztheoretiker vorbringen, wendet sich dabei auch gegen die herrschende nationale Kultur und die Beschränktheit des »Sozialismus der Konformität«, wie er in der britischen Labour Party damals vorherrschte. Ihm will die radikale Kriminologie Großbritanniens einen »Sozialismus der Vielfalt« entgegensetzen (ebd., 100). Ihre Vertreter fordern zudem eine stärkere Rückbindung der Kriminologie an die Soziologie. In den 1970er Jahren teilte sich die Bewegung in die »neuen Realisten« und die »linken Idealisten«. Während die Idealisten sich weiterhin der Solidarität mit den Kriminalisierten verschrieben, forderten die Realisten nun verstärkt, auch die Kriminalität selbst als Problem zu fokussieren und sich ihren Opfern – die häufig selbst aus der Unterschicht stammen – zuzuwenden. Auch feministische Fragestellungen gewinnen dabei zunehmend Gehör. Feministische Kriminologinnen fordern die Analyse des Patriarchats als prägend für makrostrukturelle Machtverhältnisse sowie einen kritischen Umgang mit sexualisierter Gewalt (Lamnek 2008, 23–25).

In Lateinamerika bildete sich in den 1970er und 1980er Jahren ebenfalls eine eigenständige Strömung kritischer Kriminologie heraus, auch als *Criminología de la liberación* bezeichnet, deren Ziel es ist, auf der Basis einer Analyse der gesellschaftlichen Realitäten in Lateinamerika eine eigenständige Theorie des Strafens vorzulegen, die vor Ort gesellschaftspolitische Relevanz hat. Damit wendet sich diese Strömung gegen den einseitigen Theorieimport aus dem globalen »Zentrum« ökonomischer Dependenzbeziehungen. Wichtige Vertreter sind unter anderem Roberto Bergalli (1982), Rosa del Olmo (1981), Lola Aniyar de Castro (1987) und Eugenio Raúl Zaffaroni (1988). Angesichts eines großen sozialen Gefälles in Lateinamerika richtet sich die Kritische Kriminologie gegen die starke Selektivität des Strafrechts, das »White Collar Crimes« (Sutherland 1983) von Unternehmern und Managern auf der Seite der Mächtigen ignoriert, dafür aber die Armen und deren Überlebensstrategien kriminalisiert. Dies führe dazu, dass das Strafrecht als ein Mechanismus zur Aufrechterhaltung sozialer Unterdrückung diene. Das traditionelle Strafrecht sei kein Mittel der Lösung, sondern vielmehr eines der Verschärfung der sozialen Konfliktlage in Lateinamerika. Damit befördert es seine eigene Delegitimierung, die sich noch dadurch erhöht, dass der Staat selbst in kriminelle Machenschaften verstrickt ist und die Eliten der betreffenden Länder (sowie ihre transnationalen Netzwerke) schützt. Nicht nur wird die Unterschicht einseitig kriminalisiert; sie ist zugleich auch das vorrangige Opfer alltäglicher Gewalterfahrungen. Für Bergalli ergibt sich hieraus die Forderung nach einem »derecho penal mínimo«, einem minimalen Strafrecht, das seine Funktion in erster Linie auf den Schutz seiner Bürger vor den gröbsten Auswüchsen der Gewalt konzentriert. Dabei soll der Staat so wenig Gewalt wie möglich anwenden und langfristig auf eine Überwindung des Strafrechts hinarbeiten, indem er alternative Formen der sozialen Kontrolle entwickelt. Ein solcher Schritt hin zu einem Strafrecht, das angesichts einer Realität massiver

Ungleichverteilung zunächst die verletzbarsten Akteure auch tatsächlich schützt, sei zumindest ein erster Schritt hin zur Re-Legitimierung des Rechts.[3]

Die *Kritische Kriminologie* in Deutschland formierte sich um den »Arbeitskreis Junger Kriminologen« (AJK 1974). Als Strömung wendete sich die Gruppe gegen eine quasi-ontologische Festschreibung dessen, was Kriminalität ausmacht, und betonte die soziale Komponente der Kriminalisierung einzelner Verhaltensweisen. Dabei analysiert sie die Stigmatisierungsprozesse und die Pathologisierung einzelner Gruppen und deren Verdrängung in delinquente Milieus. In Ablehnung der klassischen Ätiologie stellt sie die Fixierung auf Kriminalstatistiken infrage und fordert eine selbstreflexive Analyse, warum bestimmte Phänomene überhaupt zum Gegenstand kriminologischer Forschung werden.

Im Laufe der Entwicklung dieser kritischen Strömungen bildeten sich auch dezidiert feministische Positionen heraus. Sie zielten darauf, den maskulinen Bias einer vornehmlich männlichen Autorschaft im Bereich von Straftheorie und Strafrecht zu korrigieren und die »deeply sexed nature of punishment regimes« herauszuarbeiten (Howe 1994, 1–2). Selbst innerhalb der Radikalen Kriminologie entstandene Schriften würden den besonderen Effekten des Strafrechts auf Frauen nicht adäquat Rechnung tragen. Dieser Mangel mache eine Analyse ebendieser genderspezifischen Auswirkungen erforderlich.

Eine geschlechtssensible Analyse von Punitivität betont seither nicht zuletzt die soziale Konstruktion von Geschlecht durch strafrechtliche Institutionen. So wurde Frauen lange Zeit ein Platz vornehmlich in der häuslichen Sphäre zugewiesen und ihre Inhaftierung als moralisch unangemessen empfunden. Bereits der Kriminologe und Gerichtsmediziner Cesare Lombroso (1835–1909) hatte Straftäterinnen »maskuline« Züge zugeschrieben und damit deutlich gemacht, dass es als unweiblich galt, Verbrechen zu begehen (Lombroso/Ferrero 1895). Insbesondere »weiße Frauen« wurden in den USA lange Zeit von der Gefängnishaft ausgenommen, um sie nicht in den gleichen Institutionen zu internieren wie schwarze Frauen, was zusätzlich das Ineinandergreifen von Geschlecht und *Race* verdeutlicht (Melossi 2008, 192).

Im internationalen Durchschnitt liegt der Anteil von weiblichen Inhaftierten gerade einmal bei fünf bis sechs Prozent. In den letzten Jahren verzeichnen feministische Kriminologinnen jedoch einen zunehmend punitiven Trend auch gegenüber Frauen (McIvor 2008). Insbesondere in den USA steigt der Anteil von Frauen in Gefängnissen, und es wächst der Konsens, dass auch Frauen die Inhaftierung zuzumuten sei. Jedoch sind die bestehenden Inhaftierungssysteme weiterhin stark an den Delikten und Verhaltensstrukturen männlicher Insassen orientiert (van Gundy/Baumann-Grau 2013, 5).

Internationale Studien haben gezeigt, dass kriminelles Verhalten von Frauen besonders stark mit Armut, niedrigem Bildungsniveau, der Zugehörigkeit zu einer gesellschaftlichen Minorität und dem Status als Alleinerziehende korreliert (ebd., 7; Gelsthorpe 2008). Insgesamt zeichnen sich die von Frauen begangenen Delikte, die zur Inhaftierung führen, weniger durch Gewalt aus als die von Männern verübten Taten und bestehen zumeist aus geringfügigen Vergehen, insbesondere gegen das Betäubungsmittelgesetz. Die durchschnittlichen Haftzeiten fallen daher auch wesentlich geringer aus. In den meisten Fällen waren inhaftierte Frauen in ihrem Leben selbst Opfer häuslicher und sexueller Gewalt (Funk 2009, 54). Zudem fällt auf, dass Frauen auf ihre Inhaftierung besonders stark mit Depression, Angstzuständen und Selbstmordgedanken reagieren (Widmann 2006; Funk 2009). Häufig erleben sie Schuldgefühle aufgrund der ihnen von der Gesellschaft zugeschriebenen Pflichten gegenüber der Familie, denen sie während des Strafvollzugs nicht gerecht werden können. Da Frauen aufgrund ihres zahlenmäßig geringen Anteils an den Inhaftierten häufig in einzelnen Trakten von Männergefängnissen untergebracht sind, wird auf ihre spezifischen Belange nicht oder kaum gesondert eingegangen. Obgleich ihre Rückfallquote statistisch betrachtet geringer ist und Ausbruchsversuche bei Frauen seltener sind als bei Männern, erhalten sie nur wenige Hafterleichterungen. Zudem sind Frauen und Transsexuelle sexuellen Übergriffen durch das Personal oder Mitgefangene ausgesetzt. Ein weniger autoritäres Umfeld, der Anspruch auf psychologische Unterstützung und der Schutz vor Übergriffen wären hier insbesondere für jene Inhaftierten, die selbst Opfer von Gewalterfahrungen geworden sind, grundlegende Voraussetzungen, um selbst wieder ein Leben jenseits krimineller Milieus führen zu können (Gelsthorpe 2008).

Insgesamt fällt auf, dass die Bestrafung von Frauen in westlichen Ländern seit den 1990er Jahren rapide angestiegen ist, obwohl die Schwere der von ihnen begangenen Delikte relativ unverändert geblieben ist. Die Sprache der Emanzipation und das Recht auf Gleichstellung wurden von einem punitiven Diskurs übernommen und neu interpretiert, und zwar als differenzblinde Integration von Frauen und Transsexuellen in klassisch »maskulin« geprägte Haftanstalten.

4.3 Disziplinierung, Punitivität und Neoliberalismus (Foucault, Garland, Wacquant)

Die Schnittstellen von Ökonomie, Herrschaft und Strafe, wie sie in marxistischen Straftheorien und in der Kritischen Kriminologie herausgearbeitet wurden, bilden auch wichtige Scharniere der kritischen Analysen von Strafpraktiken als spätmoderne Regierungstechnik im Neoliberalismus.

Eine der einflussreichsten Schriften über das Strafen als Regierungstechnik stammt von Michel Foucault (1926–1984). Foucault war Philosoph, Soziologe, Wissenschaftstheoretiker und Historiker gleichermaßen. Als Grenzgänger zwischen den Disziplinen hat er eigene methodologische Zugriffe für die kritische Analyse von Gegenwartsphänomenen entwickelt, die in den letzten Jahrzehnten äußerst einflussreich geworden sind. Foucault engagierte sich immer wieder politisch für die Marginalisierten und Ausgegrenzten und geriet in den verschiedenen Ländern, in denen er zeitweilig lebte, fast immer mit den Machthabenden in Konflikt. 1971 gründete er nach einem Streik politischer Gefangener in Frankreich mit Daniel Defert und anderen die GIP (Groupe d'information sur les prisons), in der Gefängnisinsassen, Intellektuelle, Anwälte und Psychologen die Lage in den Gefängnissen problematisierten und an die Öffentlichkeit brachten.

In seiner Monografie *Überwachen und Strafen. Die Geburt des Gefängnisses* (1975) erzählt Foucault eine Geschichte des Strafens vom frühen 18. Jahrhundert bis in die Gegenwart, mit besonderem Fokus auf Frankreich. Er beschreibt darin die Transformationsprozesse und Diskontinuitäten im Denken über das Strafen und seinen Vollzug und bestimmt seine Methode in Anlehnung an Friedrich Nietzsche als »Genealogie« (Kap. 2.3). Die Genealogie fragt nach der geschichtlichen Herkunft eines Konzepts. Dabei denaturalisiert und dekonstruiert sie vermeintlich zeitloses Wissen durch die Historisierung von Diskursen, Praktiken und Institutionen. Als Methode zielt sie darauf ab, die Verbindung von Macht und Wissensproduktion herauszuarbeiten. Foucault (1994) analysiert hierbei die Herstellung eines Wissens über »Verbrecher« innerhalb der sich herausbildenden Kriminologie als eine Form der Machtausübung, die eine subtile, kostengünstige und effiziente »Kunst der Bestrafung« ermöglicht (132). Die Erkenntnisbeziehung zwischen Forschung und Forschungsgegenstand ist damit zugleich eine Machtbeziehung.

Die Haftstrafe entwickelt sich nach Foucault zur dominanten Form der Bestrafung in der Moderne. Sie setzt sich während der Wende vom 18. zum 19. Jahrhundert als vorherrschende Strafform durch. Das Gefängnis ist dabei einerseits als ein Produkt von Reformbestrebungen zu verstehen, die sich gegen die grausamen mittelalterlichen Formen des Strafens und das gewaltvolle Einwirken auf den Körper des Verbrechers richteten. Diese Reformen entpuppten sich jedoch als »utopische Verdopplung« des bisherigen Systems und verstärkten trotz ihrer idealistischen Bestrebungen das Gefängnis in seiner Funktion als Disziplinarapparat (ebd., 349).

Seit der Aufklärung stand das Gefängnissystem unter dem Banner der Humanisierung des Strafens und hegte den Anspruch, die Täter zu bessern. Diesem Zweck, so die These Foucaults, wurde die Institution der Haftanstalt jedoch von Anfang an nie gerecht. Vielmehr dient das eherne Narrativ der »Reform« dazu, die Institution des Gefängnisses trotz seiner eklatanten Misserfolge beständig aufrechtzuerhalten. Stets war der Strafvollzug von hohen Rückfallraten geprägt, trug im Allgemeinen nicht zur Verminderung von Verbrechen bei und produzierte gefährliche und gewaltbereite Verbrechermilieus. Durch systematischen Machtmissbrauch eines häufig korrumpierten Personals, Zwangsarbeit ohne erzieherischen Wert und die Schulung im Diebstahl durch andere Inhaftierte wurden aus Gelegenheitstätern vielmehr Gewohnheitsdelinquenten (ebd., 350). Aber in dem beständigen Scheitern am reformerischen Resozialisierungsideal liegt zugleich auch der Grund für das Fortleben der Institution: nämlich in der Produktion, Regulation und Nutzbarmachung von Delinquenz. Mit der Haft isoliert das Gefängnis eine für alle sichtbare Gruppe von Gesetzesbrechern und demonstriert die staatliche Fähigkeit zur Eingrenzung des Verbrechens (ebd., 139). Zudem sicherte das Gefängnis im 19. Jahrhundert die Entwicklung der kapitalistischen Gesellschaft ab: zum einen, indem es Besitzverhältnisse stabilisiert, weil es von der armen Bevölkerung begangene Eigentumsdelikte kriminalisiert; zum anderen dadurch, dass es die Arbeiterklasse spaltet, indem die Strafjustiz bestimmte Gesetzesbrüche als pathologisch und anormal klassifiziert und diese Gruppe von den guten, willigen Arbeitern absondert (Hudson 2003). Die Haftstrafe wurde auch deshalb zum vorherrschenden Strafmodell der westlichen Nationen, weil sie den Zwecken der Industrialisierung und der sich ausbreitenden kapitalistischen Ökonomie des 19. Jahrhunderts diente, indem sie zur Umformung und Disziplinierung von armen und gesetzesbrecherischen Teilen der Bevölkerung zu arbeitswilligen Bürgern beitrug. Die Einbettung in strikte Tagesabläufe und Regularien sollte nicht mehr allein auf den Körper der Insassen wirken, sondern über die Einwirkung auf ihre Körper auch ihre Seelen regieren.

Als Bild für diese Form der Unterwerfung, die in das Innere des Menschen vordringt, nutzt Foucault das Modell des Panoptikons von Bentham (Kap. 1.1.2). Das Panoptikon gibt dem Insassen das Gefühl, durch eine Kontrollperson permanent überwacht zu werden. Dadurch passt er oder sie ihr Verhalten der Vorstellung an, beständig dem Blick eines Aufsehers ausgesetzt zu sein. Die Effizienz dieser Technik besteht darin, dass sich der Kontrolleur überflüssig macht, weil die überwachte Person sich selbst zu überwachen beginnt, indem sie die Disziplinierung von außen antizipiert und zur permanenten Selbstkontrolle und Selbstdisziplinierung übergeht. Das ist kostengünstig, wirkungsvoll und eine besonders perfide Form der Machtausübung, weil keine äußeren Gewaltmittel einsetzt werden müssen und sich der Überwachungsapparat als sanft und human geriert (ebd., 258).

Als zentrales Überwachsungsorgan liefert die Polizei der Strafjustiz die Straftäter. Die bürgerliche Klasse übernimmt in der Strafjustiz die Aufgabe des Richters, indem »eine mit der Ordnung beauftragte Schicht über eine andere, die der Unordnung geweiht ist, zu Gericht sitzt« (Foucault 1994, 355). Selbst nach Ende der Haft, so Foucaults funktionalistische Erklärung, profitiere die Ökonomie von den Entlassenen, weil diese Arbeit nur in besonders prekarisierten oder gar illegalisierten Milieus fänden, beispielsweise in der Prostitution, dem Waffen- oder dem Drogenhandel. Durch die Institution des Gefängnisses lassen sich delinquente Milieus also überwachen, regulieren und ausbeuten, während der Gewinn von der besitzenden Klassen abgeschöpft wird, was sich selbst nach der eigentlichen Inhaftierung fortsetzt (ebd., 361).

Das Gefängnis, die Delinquenz und die Polizei bilden somit ein sich wechselseitig stützendes System der Überwachung, der Kontrolle und der Nutzbarmachung von Gesetzeswidrigkeiten. Das Kerkersystem dehnt sich zudem in unterschiedlichste gesellschaftliche Bereiche aus (u. a. in die Medizin, die Psychologie, die Erziehung, die Sozialarbeit) und bedient sich einer Vielzahl von Disziplinartechniken, die beständig kontrollierend, bessernd und korrigierend in das soziale Gefüge eingreifen (ebd., 391). Diese Instanzen übernähmen sukzessive die Funktionen des Gefängnisses, diagnostiziert Foucault, indem sie ein ganzes Netz an »Normalisierungsanlagen« bilden (ebd. 395).

Vorgeworfen worden ist Foucault unter anderem die Verschiebung der Perspektive von auf den Körper gerichteten Strafpraktiken hin zu Formen der Strafe, die zunehmend auf die Seele des Verbrechers ausgerichtet sind. Dieser Fokus unterschätze, so die Kritik, inwiefern auch Freiheitsentzug weiterhin eine Form der physischen Tortur darstelle, die nicht selten im Selbstmord und einer starken körperlichen Deprivation ende

(Hudson 2003, 148). Zudem sei die als Panoptismus beschriebene Disziplinartechnik (ebd., 251–292) nicht einfach auf andere gesellschaftliche Sphären (wie die Schule) übertragbar. Das Leben im Gefängnis sei in vielen Belangen anders als jenes »in Freiheit« und durch eigene Strukturmerkmale gekennzeichnet, die sich nicht einfach auf Institutionen außerhalb der Gefängnismauern übertragen lassen. Zudem übersehe Foucault den Widerstand der Gefangenen gegen ihre Disziplinierung. Ihr Protest und die aktive Herstellung subkultureller Gegenmilieus im Gefängnis würden bei Foucault zugunsten eines machtzentrierten Funktionalismus ausgeblendet und dadurch unsichtbar gemacht (Garland 1990, 173). Zudem habe das Gefängnis seit den 1970er Jahren nicht an Bedeutung verloren, wie Foucault am Ende von *Überwachen und Strafen* prognostizierte, sondern vielmehr seine zentrale Stellung behauptet (Wacquant 2009; 2011). Mag man diesen und anderen wichtigen Kritikpunkten auch zustimmen, so hat Foucaults Analyse des modernen Strafsystems als Modus der Disziplinierung, Unterwerfung und Normalisierung, das unsere Gesellschaften auch jenseits der juridischen Sphäre im engeren Sinne prägt und bis in die »Seele« des Individuums vorzudringen vermag, doch eine Perspektive aufgeworfen, die sich angesichts von elektronischen Fußfesseln, allgegenwärtigen Überwachungskameras und der digitalen Durchleuchtung der »Privatsphäre« auch vierzig Jahre nach Erscheinen von *Überwachen und Strafen* als hochaktuell erweist.

Einer der prominenten Interpreten und Kritiker von Foucaults Straftheorie gleichermaßen ist der Soziologe David Garland. In seiner Monografie *Kultur der Kontrolle* (2001) analysiert er das strafrechtliche Denken der Spätmoderne. Er identifiziert darin eine Abkehr vom wohlfahrtsstaatlich orientierten Modell der Besserung von Strafgefangenen hin zu einer Wiederkehr der Vergeltung als leitendes Motiv der Strafrechtspflege. Konkretes Untersuchungsfeld seiner Analysen sind die Entwicklungen in den USA und in Großbritannien. Er vermutet jedoch, dass sich seine Analysen auch auf andere westliche Länder übertragen ließen.

Garland macht seine Diagnose einer punitiven Wende (lat.: *punire*, strafen) in spätmodernen Gesellschaften, des derzeit erstarkenden Rufs nach härteren Strafen, an verschiedenen Merkmalen fest: Zunächst identifiziert er eine Abkehr vom wohlfahrtsstaatlichen Bild des Verbrechers, in welchem der Täter vorrangig als ein Produkt seines Milieus gedeutet wird, hin zu der Vorstellung eines eigenverantwortlichen Individuums, das sich für seine Taten rational entscheidet und deswegen voll rechenschaftspflichtig ist. Zudem diagnostiziert er eine zunehmende Fokussierung auf die Opfer von Verbrechen und die daraus abgeleitete Notwendigkeit, potenzielle Opfer durch verstärkte Kontrolle und Überwachung zu schützen. Der Ruf nach einem besseren Opferschutz bewege Politiker dazu, mit der Forderung nach schärferen Strafsanktionen auf die Gefühle der Bevölkerung zu reagieren und das durch die Wissenschaft hervorgebrachte Expertenwissen über die Sinnhaftigkeit bestimmter Sanktionen zu ignorieren. Im Rahmen dieses sich ausbreitenden Schutzbedürfnisses entstehe zudem eine Sicherheitsindustrie, welche die Verbrechenskontrolle privatwirtschaftlich reorganisiere. Auf diese Weise durchdringen kommerzielle Interessen staatliche Aufgaben wie diejenigen der Inhaftierung oder der Bewährungshilfe und formen sie um.

Insgesamt erleben wir Garland zufolge eine Renaissance des Gefängnisses, jedoch nicht als Ort der Resozialisierung, sondern als ein Instrument der Verwahrung besonderer Bevölkerungsgruppen und als Mittel der Befriedigung von Vergeltungsbedürfnissen. Diese Kehre weg vom Resozialisierungsparadigma zeigt sich Garland zufolge unter anderem in Einsparungsmaßnahmen im Bereich der Strafjustiz wie der Rücknahme von Anti-Sucht- und Bildungsprogrammen. Die dadurch verursachte »punitive Segregation«, also die Absonderung Strafgefangener vom Rest der Gesellschaft, manifestiert sich in langen Freiheitsstrafen und der Überwachung von Gefangenen selbst nach ihrer Entlassung (Garland 2001, 263). Ursächlich für den Ruf nach härteren vergeltenden Strafmaßnahmen seien unter anderem die steigenden Kriminalitätsraten in den 1960er und 1970er Jahren in den USA und Großbritannien (sogenannte *high crime societies*). Das Resozialisierungsparadigma gerät einerseits seitens der Linken in die Kritik (unter anderem befördert durch Foucaults *Überwachen und Strafen*) und sieht sich dem Vorwurf ausgesetzt, Gewalt und Normalisierung unter dem Deckmantel des Humanismus zu verschleiern. Hinzu kommen konservative Stimmen, die argumentieren, Resozialisierung sei im Umgang mit Verbrechern schlicht ineffizient und ein zu mildes Mittel. Die sich über die Grenzen der Armenviertel hinweg ausbreitende Kriminalität verunsichert in jenen Jahren die Mittelschicht, die sich zunehmend bedroht fühlt. Die dadurch verursachte Angst bei einer zuvor für liberale Argumente tendenziell offenen Bevölkerungsschicht mündet zunehmend in einem Bedürfnis nach schärferer Kontrolle von Kriminalität. Einfache Slogans wie »Prison works« gewinnen an Schlagkraft. In diesem geistigen Klima wird das Gefängnis als »eine Art Reservat, ein Quarantänebereich, in dem angeblich gefährliche Individuen im Namen der öffentlichen Sicherheit abgesondert leben«, reaktiviert (ebd., 318).

Das Resultat dieser Entwicklung ist ein spätmodernes Exil, eine Form der »pönologischen Verbannung« zur Verwahrung von psychisch labilen, armen und drogensüchtigen Menschen (ebd., 320). Einher geht diese punitive Wende mit der Einsparung an sozialen Diensten, welche diese Personengruppen zuvor noch mit wohlfahrtsstaatlichen Maßnahmen aufzufangen vermochten. Die Strafjustiz spaltet sich in neoliberalen Gesellschaften von Fragen der sozialen Gerechtigkeit zunehmend ab und verschreibt sich vermehrt der Aufgabe, diejenigen zu kontrollieren, die im wettbewerbsorientierten, auf Eigenverantwortung ausgerichteten System der Selbstoptimierung nicht mehr mithalten können. Das kriminologische Denken reagiert dieser Analyse zufolge auf strukturelle Veränderungen im wirtschaftlichen und sozialen Bereich und stellt mit dem Strafrecht die Mittel bereit, die Gesellschaft präventiv zu schützen und die »Verlierer« abzusondern und zu kontrollieren.

Die Frage, inwieweit Garlands gegenwartsdiagnostische Thesen zutreffen und ob sie in andere nationale Kontexte zu übertragen sind, hat eine breite und kontroverse Debatte auch in Deutschland ausgelöst (vgl. u.a. Hess/Ostermeier/Paul 2007; Schlepper 2016). Das Festhalten am verfassungsrechtlich verankerten Resozialisierungsideal und die sinkenden Gefangenenraten der letzten Jahre (nach einem kontinuierlichen Anstieg seit der Wiedervereinigung) sprechen gegen die These der wiederkehrenden Punitivität. Die zunehmende Instrumentalisierung von Kriminalität in Wahlkämpfen, eine verstärkte Orientierung an den Opfern von Verbrechen auch hierzulande, das Fortbestehen der Sicherheitsverwahrung (vgl. 2.1), weniger offener Vollzug (weniger Vollzugslockerungen, Hafturlaub etc.), die härtere Sanktionierung von Sexualdelikten und die Entgrenzung des Strafrechts in andere Politikbereiche (beispielsweise zur Regulierung ökologischer und wirtschaftlicher Belange) zeugen dagegen von einem punitiven Trend auch in Deutschland. Eine an Garlands Punitivitätsthese angelehnte neue Studie über die Strafgesetzgebung in Deutschland konnte zudem ein deutliches Erstarken von präventionstheoretischen Argumenten bei der Begründung von Strafgesetzen gegenüber dem Resozialisierungsgedanken zeigen und sieht Garlands These des punitiven Wandels damit auch für Deutschland als bestätigt (Schlepper 2014; 2016).

In eine ähnliche Stoßrichtung gehen die Analysen des Soziologen Loïc Wacquant. Dieser betont jedoch im Gegensatz zu Garland, dass die Verunsicherung der Mittelschicht, die Garland für eine wichtige Ursache der erhöhten Punitivität hält, nicht vorrangig durch erhöhte Kriminalität verursacht wurde, sondern in der neoliberalen Restrukturierung von Arbeitsverhältnissen begründet ist (Dollinger 2011, 47–48). Es sei daher angemessener, nicht von einer kulturellen »Spätmoderne«, sondern vom »Neoliberalismus« als Referenzrahmen für die neue Lust am Strafen zu sprechen.

Für Wacquant (2009) geht der neoliberale Trend der Abkehr vom Wohlfahrtsstaat hin zu einem »aktivierenden Sozialstaat« (*workfare*) mit der Tendenz zu einer vermehrt mit strafrechtlichen Mitteln operierenden Politik (*prisonfare*) Hand in Hand. *Workfare* dient dazu, die Armut weniger sichtbar zu machen, indem Menschen in prekäre Arbeitsverhältnisse vermittelt und vom Staat sanktioniert werden, wenn sie sich dagegen verwehren. Seit der *Welfare*-Reform durch US-Präsident Bill Clinton 1996 dringt die Straflogik mithilfe von Maßnahmen der Verhaltenskontrolle und der monetären Sanktionierung zunehmend in die Sozialhilfe ein. Ein deutsches Pendant hierzu sind die von der Regierung Schröder seit 2002 eingeführten Hartz I-IV-Reformen.

Prisonfare besteht darin, die unteren Schichten zu kriminalisieren und in »Justizghettos« abzusondern. Dies erfolgt durch eine besonders harte Anti-Drogenpolitik, verstärkte polizeiliche Kontrollen in sozialen Brennpunkten von Großstädten und eine verschärfte Sanktionspraxis. Seit den 1970er Jahren hat sich der Anteil der marginalisierten schwarzen Bevölkerung infolge dieser Politik in US-amerikanischen Gefängnissen drastisch erhöht. Zwei Drittel der in den USA Inhaftierten leben zum Zeitpunkt ihrer Verhaftung unterhalb der offiziellen Armutsgrenze. Sie entstammen vorrangig einem Milieu der sogenannten »Erwerbsarmut«, in der Menschen nicht über die Armutsgrenze hinauskommen, obwohl sie einer Lohnarbeit nachgehen (ebd., 89). Über die Hälfte der Insassen hatte vor ihrer Verhaftung einen nahen Verwandten im Gefängnis. Ein Drittel der Frauen war zuvor Opfer einer Vergewaltigung. Insgesamt ist die Gefängnispopulation in den USA von der Erfahrung materieller Unsicherheit, körperlicher Gewalt, sozialer Bindungslosigkeit und dem Ausschluss aus Kultur und Bildungsinstitutionen geprägt. Es bedarf daher dringend einer kombinierten Analyse von Aspekten sozialer Gerechtigkeit bzw. Sozialpolitik und des Strafrechts.

Während sich die USA bereits für eine Kriminalisierung des Elends entschieden haben, steht Europa Wacquant zufolge noch vor einer historischen Entscheidung: die Armut ebenfalls zu bestrafen oder sich erneut auf einen solidarischen Sozialstaat zu besinnen (Wacquant 2000, 149). Auch in Europa lasse sich bereits eine klassen- und »ethnospezifische« Selektivität des Strafrechts nachzeichnen, die dazu führe, dass Migranten nichtwestlicher Herkunft, insbesondere aus den ehemaligen Kolonien, in den Haftanstalten stark überrepräsentiert seien (ebd., 99). Langsam, aber stetig breite sich auch hier ein »neuer, neoliberaler strafrechtlicher *common sense*« aus, der sich in einem punitiveren Umgang mit jugendlichen Straftätern, einer generellen Verlängerung von Haftstraften und einer schärferen Bestrafung selbst geringer Gesetzesverstöße manifestiere (ebd., 130). Die Folge sei ein Abrutschen verletzbarer Gruppen in ein »kriminalitätsförderndes und kulturzerstörendes Milieu« und damit in eine Spirale strafrechtlich bedingter Verarmung (ebd., 140). Das vereinigte Europa, dessen Harmonisierung bisher vor allem in der Öffnung für den grenzüberschreitenden Warenverkehr bestanden habe, sei zunehmend bestrebt, auch in strafrechtlichen Belangen und in Fragen des Asylrechts enger zusammenzuarbeiten. Gerade deshalb sei entscheidend, welchem Modell Europa in Zukunft folge, argumentiert Wacquant.

Vergleichend lässt sich innerhalb Europas feststellen, dass wohlfahrtsstaatlich orientierte Staaten wie die skandinavischen eine liberalere Strafrechtspolitik verfolgen. Sie betonen die soziale Verantwortung des Gemeinwesens für den Einzelnen und verfolgen eine Strafrechtspolitik, die auf Resozialisierung und soziale Inklusion abzielt. Statistisch korrelieren hier hohe Sozialausgaben, geringe Einkommensunterschiede und niedrige Gefangenenraten. Dagegen sind Regierungen neoliberaler Staaten wie Großbritannien tendenziell durch ein hochgradig individualistisches Ethos geprägt und tendieren zu einer repressiveren Strafrechtspolitik im Sinne von *Law and order*. Sie sind durch ein starkes Gefälle zwischen Arm und Reich gekennzeichnet und haben auffallend hohe Gefangenenraten bei geringen Sozialausgaben (Cavadino/Dignan 2006; Lappi-Seppälä 2010, 950). Auch wenn hier andere Variablen wie die unterschiedlichen Rechtssysteme eine wichtige Rolle spielen (Lacey 2008), bleibt doch auffällig, dass eine gesamtgesellschaftliche Sensibilität für Fragen sozialer Gerechtigkeit mit einem weniger rigiden Umgang mit Normabweichungen einherzugehen scheint. Während im neoliberalen Verständnis das Individuum Schmied seines Glückes ist, fühlt sich in wohlfahrtsstaatlich orientierten Gesellschaften die Gemeinschaft stärker für die Nöte und Verhaltensweisen ihrer Mitglieder mitverantwortlich. Punitive »Sozialpolitik«, manifest in der neoliberalen *Workfare*-Politik, folgt dagegen verstärkt einer Logik der Bestrafung von Armut und der sozialen Ausgrenzung von »Verlierern« innerhalb des Systems.

4.4 Postkolonialismus, *Race* und das Strafrecht

Ein Hauptaugenmerk postkolonialer Theorie besteht in der Analyse der Nachwirkungen von kolonialen Herrschaftsstrukturen in der Gegenwart. Diese umfassen unter anderem die mangelnde Anerkennung rechtsstaatlicher Strukturen und den Autoritarismus in vielen ehemals kolonisierten Ländern (Kerner 2012, 9). Das Strafrecht stellt dabei ein zentrales Instrument zur Herrschaftssicherung dar und übernimmt diese Funktion innerhalb neokolonialer Machtstrukturen in gewandelter Form bis heute. Postkoloniale Theorien der Strafe analysieren das Strafrecht als Instrument der Unterwerfung mit dem Ziel der politischen Herrschaftssicherung und der ökonomischen Ausbeutung der Kolonien. Sie fragen, wie indigene Rechtssysteme im Rahmen der Kolonisierung neu interpretiert und nach den Interessen der Metropolen ausgerichtet wurden. Schließlich zeigen sie auf, inwiefern auch in den befreiten Nationen das Erbe der Kolonialherrschaft im Rechtssystem fortlebt.

Das System der kolonialen Bestrafung ging dem Kameruner Politologen Achille Mbembe zufolge mit dem Imperativ der Profitmaximierung der kolonialen Metropole einher. Strafen waren ein zentrales Element der kolonialen Befehlsgewalt (frz.: *commandement*) (Mbembe 2001). Sie richteten sich vor allem auf den Körper des Kolonisierten, da Geldstrafen zumeist durch körperliche Züchtigungen ersetzt wurden, wenn dieser ein Bußgeld nicht begleichen konnte. Das Ziel der kolonialen Befehlsgewalt war einerseits die absolute Unterwerfung, während sich die Kolonialmacht andererseits als Schutzgewalt, Zivilisierer und Vertreter humanistischer Werte gebärdete. Dabei konnte sich das koloniale Recht auf keinerlei Gesellschaftsvertrag stützen, der mit den Kolonisierten eingegangen worden wäre. Diese waren noch nicht einmal Rechtssubjekte in einem politischen

Sinne. Vielmehr diente das Recht, insbesondere das Strafrecht, ihrer einseitigen Unterwerfung. Die Kolonisierten unterlagen zwar rechtlichen Regelungen, konnten Mbembe zufolge aber keine Rechte gegen den Staat geltend machen. Vielmehr gestaltete sich die Beziehung zwischen Staat und Kolonisierten hochgradig paternalistisch: Der Staat zeigte sich seinem *protegé* gegenüber mit Strenge und Güte; er etablierte eine väterliche Beziehung zu dem rechtlosen, kindsgleichen Subjekt, das es zu zähmen, zu zivilisieren und zu führen galt. Die Kolonialregierung entwickelte ein Dispositiv der »Dressur«, das selbst intime Bereiche wie die Sexualität und die Gesundheit durch strafrechtliche Regulierung zu disziplinieren und reglementieren suchte.

Die verschiedenen Varianten kolonialen Regierens, die direkte und die indirekte Herrschaft (nach dieser Unterscheidung lässt sich vornehmlich der britische und der französische Regierungsstil differenzieren) waren dem ugandischen Politikwissenschaftler Mahmood Mamdani zufolge einander ergänzende Formen der Unterwerfung: durch einen zentralisierten und einen dezentralisierten Despotismus (Mamdani 1996, 18). Während der zentralisierte Despotismus ein modernes Recht voraussetzt, das für alle Bürger gleiche Geltung hat, operiert der dezentralisierte Despotismus auf der Basis des Gewohnheitsrechts anhand ethnisch festgelegter Identitäten.

Das metropolitane Kolonialrecht funktionierte Mamdani zufolge auf der Grundlage rassistischer Grenzziehungen, mit deren Hilfe die Kolonisierten von zentralen Bürgerrechten ausgeschlossen werden konnten: Sie waren keine Bürger (*citizens*), sondern Unterworfene (*subjects*). Im Rahmen des Gewohnheitsrechts, welches der jeweiligen Kolonialregierung im ländlichen Raum die nötige Legitimität verschaffen und möglichst effizient und kostengünstig umsetzbar sein sollte, erhielten von der Metropole entsandte Beamten sowie seitens der Kolonialregierung beauftragte *Chiefs* die Aufgabe, lokale Streitigkeiten zu lösen und Strafen zu verhängen. Die koloniale Administration nutzte dabei interne Rivalitäten zwischen einzelnen Chiefs und deren wirtschaftliche Nöte – die durch das Ende des Sklavenhandels, durch Arbeitsmigration und die Einführung neuer landwirtschaftlicher Methoden verursacht worden waren – geschickt aus, um sie gegeneinander auszuspielen. Die Grenzen einer ethnischen Gemeinschaft, innerhalb derer das jeweilige Gewohnheitsrecht Geltung haben sollte, wurden wiederum von den Kolonialherren selbst gezogen und führten zu teilweise willkürlichen Zuschreibungen der Kolonisierten zu vermeintlich ethnisch homogenen Gruppen, die der jeweiligen gewohnheitsmäßigen Rechtsprechung unterlagen. Während in der präkolonialen Ära in vielen Gemeinschaften die ursprüngliche Aufgabe eines Chiefs darin gelegen hatte, bei Versammlungen Entscheidungen zu verkünden, die zuvor auf der Basis des Konsensprinzips getroffen worden waren (Wiredu 2015), veränderte sich seine Aufgabe während der Kolonialherrschaft dahin, Entscheidungen für eine Gemeinschaft zu treffen und Urteile zu verkünden (Mamdani 1996, 119).

Die Umkämpftheit dessen, was jeweils als handlungsleitende Maxime lokaler Traditionen zu gelten habe, wurde durch die Kolonialregierung mithilfe lokaler Vertreter aufgelöst, welche die »Tradition« zugunsten der Interessen der Metropole neu auslegten bzw. diese sogar teilweise neu »erfanden« (Oyěwùmí 2015). Die jüngeren Ausprägungen des Gewohnheitsrechts in Afrika ist anthropologischen Studien zufolge durch die Kolonialherrschaft geprägt und war ein Mittel ihrer Herrschaftsabsicherung (Chanock 1989; Snyder 1981). So lässt sich in Bezug auf das Gewohnheitsrecht in Yorubaland (heute: Nigeria) feststellen: »Die oberste Quelle des ›neuen Gewohnheitsrechts‹ waren nicht Überlieferungen, sondern die britische Kolonialregierung.« (Ebd.,

248) Während beispielsweise im präkolonialen Yorubaland auch Frauen in das System der Rechtsprechung eingeschlossen gewesen waren, wurden sie im britischen System davon ausgeschlossen. Frauen wurden im neu fixierten Gewohnheitsrecht lediglich zu Prozessparteien, jedoch nicht als Expertinnen oder Richter eingesetzt, was darin mündete, dass die »Tradition« einseitig zugunsten von Männern ausgelegt wurde. Dies zeigt, inwiefern dasjenige, was als Gewohnheit ausgegeben wurde, wenig mit dem zu tun hatte, was als tatsächlicher Brauch in der präkolonialen Ära bestanden hatte. Insgesamt geht die Vorstellung eines Gewohnheitsrechts davon aus, dass es einen homogenen, nicht umkämpften Bestand an Regeln gegeben habe, der die sozialen Einstellungen einer Gruppe wiederspiegelte. Diese essentialistische Vorstellung von »Gewohnheit« (*costum*) negiert indes, inwiefern gewohnheitsrechtliche Regeln stets ein historisches Produkt von Auseinandersetzungen und Konfliktzonen sind.

Während der Kolonialzeit wurde in den meisten Kolonien eine Unterscheidung zwischen zivilrechtlichen Fällen, die durch lokale Gerichtshöfe gemäß dem Gewohnheitsrecht bearbeitet werden sollten, und strafrechtlich relevanten Konflikten gemacht, die durch das moderne Recht (das britische *Common Law* bzw. den französischen *Code Napoléon*) gelöst werden sollten. Diese Differenzierung wurde mit der Zeit jedoch zunehmend aufgelöst. Die Ursache für das Primat der Metropole im Hinblick auf strafrechtliche Fragen lag darin begründet, dass moralische Fragen über gutes und verdammenswertes Verhalten in der Obhut der »zivilisierten« Repräsentanten des Kolonialstaats bleiben sollten. Zunehmend wurde jedoch auch den lokalen Chiefs die Aufgabe übertragen, mithilfe eines ausgeklügelten und weitreichenden Strafsystems das Verhalten der Untertanen zu kontrollieren und zu sanktionieren. Strafen wurden nicht allein dafür genutzt, jene Fälle zu regulieren, die zuvor in den Bereich des Strafrechts gefallen waren, sondern sie dienten auch dazu, alle möglichen sozialen und ökonomischen Belange innerhalb der Kolonie zu regulieren. Diese Sanktionsformen umfassten Geldstrafen, Gefängnisstrafen und körperliche Züchtigungen. Die durch das Strafrecht geregelten Bereiche breiteten sich in der Folge auf das Eintreiben von Steuern, auf Arbeitsverträge, das Leben in den Townships, die Freizügigkeit, Heiratsmodalitäten und vieles mehr aus. Dabei wurde durch eine Unvereinbarkeitsklausel sichergestellt, dass die lokale Rechtsprechung nicht mit dem jeweiligen metropolitanen Recht in Widerspruch geriet. Letzten Endes zäumte das Kolonialrecht etwaige Abweichungen durch die lokalen Entscheidungsträger stets ein. Zusätzlich wurden die einheimischen Autoritäten durch europäische Berater instruiert, was die Konkordanz beider Rechtssysteme erleichtern und die lokale Rechtsprechung kontrollieren sollte.

Die Vision eines durch lokale Kulturen und Bedürfnisse gefärbten Systems der Rechtsprechung mithilfe des Gewohnheitsrechts kann Mamdani zufolge deshalb nur eine »Fiktion« sein. Vielmehr mündete das System des janusköpfigen Rechtsstaats in relativ homogenen Regeln. Die Aktivierung der Tradition fungierte gar als ein Mittel, die koloniale Verwaltung umfassender und noch totaler zu gestalten und die wirtschaftliche Expansion der Metropolen zu fördern. So wurden Strafen, insbesondere Körperstrafen, selbst bei geringfügigen Delikten wie der verspäteten Ankunft bei der Arbeitsstelle, Arbeitsverweigerung, Beschwerden oder respektlosem Verhalten gegenüber kolonialen Autoritäten verhängt. Die Vertreter der lokalen Tradition (Chiefs) fungierten dabei häufig als der verlängerte Arm der Kolonialregierung, als »Kader« des neuen Systems.

Gemäß dem französischen *Indigénat* war die Lizenz zum Einsatz von Strafen lange Zeit sogar nicht allein auf staatlich legitimierte Vertreter beschränkt. Vielmehr konnte fast jeder »Bürger« aus beliebigen Gründen strafen. Dieses Verhältnis war letztlich durch rassistische Grenzlinien geprägt: Weiße konnten demnach Schwarze im französischen Westafrika nahezu beliebig peinigen. 1924 wurde dieses Recht auf diejenigen eingeschränkt, die den Staat auf irgendeine Weise repräsentierten, bis es 1944 aufgrund des öffentlichen Drucks von Präsident Charles de Gaulle gänzlich abgeschafft wurde.

Das postkoloniale Erbe des zentralen und dezentralen Despotismus der Kolonialzeit setzt sich in vielfältiger Form auch nach der formalen Unabhängigkeit fort: Es manifestiert sich unter anderem in der Kriminalisierung und brutalen Unterdrückung politischer Dissidenz mithilfe des Rechts (auch als *Lawfare* bezeichnet, Comaroff & Comaroff 2006, 30), der Willkürherrschaft gegenüber dem einzelnen Bürger, der Missachtung von dessen Rechten und der Abhängigkeit lokaler Herrscher von externen Mächten, welche die nationalen Machteliten absichern (Mbembe 2001, 42–43). Zwar wurde das Rechtssystem im postkolonialen Afrika von seinen rassistischen Grundierungen befreit, jedoch erneut entlang ethnisch definierter Identitäten »retribalisiert« (Mamdani 1996, 137). Auch wenn alle Untertanen im Rahmen der Dekolonisierung zu Rechtssubjekten wurden, behielt der Staat in vielen Teilen Afrikas auch nach der »Befreiung« sein Janusgesicht: Weiterhin ist die verarmte ländliche Bevölkerung in Afrika häufig von der nationalen Rechtsprechung der urbanen Zentren ausgeschlossen und lebt mehrheitlich in einem Paralleluniversum gewohnheitsrechtlicher Jurisdiktion (ebd.).

Aktuell prägen Gewalt und horrende Kriminalität postkoloniale Staatlichkeit, was wiederum zu einem verstärkten Ruf nach strafrechtlicher Regulierung seitens der Bevölkerung führt (Comaroff & Comaroff 2006). Die damit einhergehende »Fetischisierung des Rechts« (ebd., 32) bezeichnet den übereifrigen Glauben an die Wirkmächtigkeit strafrechtlicher Regulierung, die dem Chaos und der Gewalt Einhalt gebieten soll. Die eigentlichen Gründe für diese Gesetzlosigkeit in der postkolonialen Welt sind den Afrikanisten Jean Comaroff und John Comaroff zufolge dagegen in neoliberaler Deregulierung, der »indirekte(n) Herrschaft durch den Privatsektor« (ebd., 7) sowie im kolonialen Erbe zu suchen, das relativ schwache Staaten zurückgelassen hat. Die Aktivitäten (transnationaler) krimineller Netzwerke stellen dabei keine Gesetzesübertretungen dar, die sich mithilfe des Gesetzes lösen ließen. Vielmehr bilden sie Paralleluniversen mit eigenen Regeln (ebd., 5).

Subjektivierung und Kontrolle durch das Strafrecht waren auch in Siedlerstaaten wie den USA anzutreffen und prägten nicht zuletzt Gesellschaften, die am transatlantischen Sklavenhandel beteiligt waren. Die Philosophin und *race*kritische Bürgerrechtlerin Angela Davis zieht eine Kontinuitätslinie zwischen der Ausbeutung von schwarzen Menschen während der Sklaverei und der erneuten massenhaften Kriminalisierung und Inhaftierung schwarzer Bürger in den USA durch den »Prison-Industrial Complex«[4] (2001). Nachdem die Sklaverei im Zuge der *Emancipation Proclamation* (1863) durch Präsident Lincoln und den Sezessionskrieg zwischen Nord- und Südstaaten (1861–1865) formal abgeschafft worden war, wurden in den Südstaaten der USA die sogenannten *Black Codes* eingeführt, die das Verhalten der in die Freiheit entlassenen Sklaven regeln sollten. Die *Black Codes* kriminalisierten spezifische Verhaltensweisen, die insbesondere schwarzen Personen zugeschrieben wurden, beispielsweise das verspätete Erscheinen am Arbeitsplatz oder beleidigende Gesten in der Öffentlichkeit. Zwar verbot *Zusatzartikel XIII* (*13th Amendment*, 1865) der Verfassung jegliche Form der Sklaverei und der Zwangsarbeit, machte jedoch eine Ausnahme beim Strafrecht: »Weder Sklaverei noch Zwangsdienstbarkeit darf, außer als Strafe für ein Verbrechen, dessen die betreffende Person in einem ordentlichen Verfahren für schuldig befunden worden ist, in den Vereinigten Staaten oder in irgendeinem Gebiet unter ihrer Gesetzeshoheit bestehen.« (*Verfassung der Vereinigten Staaten 1787*, XIII) Die *Black Codes* führten dazu, dass die zuvor fast ausschließlich von Weißen bevölkerten Gefängnisse sich schnell mit befreiten schwarzen Sklaven füllten. Die Gefängnisse sahen ihre Aufgabe nun darin, ihre Insassen zu bessern und ihre Gewohnheiten und ihre »Seelen« umzuformen (Davis 2003, 26). Zugleich sorgten die Haftanstalten für Kontinuität zwischen Sklaverei und Inhaftierung: Die Insassen wurden wie vormals die Sklaven einer strikten Tagesroutine unterworfen, vom Rest der Bevölkerung isoliert, zu Zwangsarbeit verpflichtet, und es wurden ihnen grundlegende Rechte wie das Wahlrecht entzogen. Die für die Sklaverei emblematischen Formen der körperlichen Bestrafung wie Auspeitschen und Anketten setzten sich in den Haftanstalten des 19. Jahrhunderts fort. Davis sieht in den *Black Codes* daher eine neuerliche Artikulation der *Slave Codes* unter veränderten politischen Vorzeichen. Die Lebensbedingungen der internierten Menschen verbesserten sich dadurch jedoch nicht, sondern wurden zum Teil sogar noch schlechter als während der Sklaverei.

Das nach Ende des Bürgerkriegs eingeführte *Convict Lease System* ermöglichte die Verpachtung der Arbeitskraft von Gefängnisinsassen. Während die ehemaligen Sklavenbesitzer in ihren Sklaven noch eine langfristige Investition gesehen hatten und diese rein aus ökonomischem Interesse am Leben zu halten waren, hatten die am *Convict Lease System* beteiligten Plantagenbesitzer und Unternehmer (beispielsweise im Minen- oder Eisenbahnsektor) nun weniger Anreize, sich um ihre Arbeitskräfte zu sorgen (ebd., 32). Es folgte ein brutales System der Ausbeutung, das jenes der Sklaverei teilweise noch übertraf und für zahlreiche Insassen den Tod bedeutete. Das Gefängnis und die dort praktizierte Zwangsarbeit wurden *race*kritischen Studien (*Critical Race Studies*) zufolge zu einem Mechanismus der Kontrolle und Disziplinierung der schwarzen Arbeitskraft nach dem offiziellen Ende der Sklaverei.

In ihrer Monografie *The New Jim Crow* (2012) zieht die Juristin und Bürgerrechtlerin Michelle Alexander eine ähnliche, nicht unumstrittene Parallele (kritisch zu Alexander vgl. u. a. Forman 2012). Sie vergleicht die aktuelle massenhafte Internierung junger schwarzer Männer im Rahmen des »Kriegs gegen Drogen« in den USA mit den Jim-Crow-Gesetzen zur Rassentrennung im 19. Jahrhundert. Alexander sieht im »Krieg gegen Drogen«, der in den 1980er Jahren von Präsident Ronald Reagan eingeleitet wurde, eine Form der »racial politics«, die auf die Ängste der weißen Arbeiterklasse gegenüber der durch die *Affirmative-Action*-Maßnahmen gestärkten schwarzen Bevölkerung reagierte (Alexander 2010, 15–16).

Die in den 1870er Jahren eingeführten Jim-Crow-Gesetze regelten die Segregation von schwarzen und weißen US-Bürgern unter dem Schlagwort »separate but equal«, was jedoch zu einer de facto Diskriminierung schwarzer US-Bürger in vielen Bereichen des öffentlichen Lebens führte. Entsprechend der damaligen Benachteiligung müsse der Status zahlreicher heutiger Ex-Häftlinge als »Bürger zweiter Klasse« analysiert werden: Ihnen wird (zumindest für eine gewisse Dauer, je nach Bundesstaat) das Wahlrecht entzogen, sie erhalten nach einem Gefängnisaufenthalt keine Essensmarken mehr, sind von Sozialleistungen ausgeschlossen, werden auf dem Arbeits- und Wohnungsmarkt systematisch benachteiligt und haben oft horrende Schulden, sofern sie für ihre Prozesskosten und ihren Gefängnisaufenthalt selbst aufkommen müssen. Dabei, so betont Alexander, stehe das starke Anwachsen der Gefangenenzahlen in keiner klaren Korrelation zu der Entwicklung der Kriminalstatistiken. Der Drogenkonsum und -handel sei in den unterschiedlichen sozialen Klassen der USA vielmehr unabhängig vom Faktor *Race* relativ ähnlich ausgeprägt (2011, 13). Studien haben sogar gezeigt, dass weiße Jugendliche stärker zu drogenbedingten Verbrechen neigen als schwarze Jugendliche. Dennoch beträgt der Anteil schwarzer Menschen an den wegen Drogendelikten zu Gefängnisstrafen Verurteilten in manchen Bundesstaaten zwischen achtzig und neunzig Prozent. Dabei wurden in den 1990er Jahren achtzig Prozent der wegen Drogen Inhaftierten für den Besitz von Marihuana, einer verhältnismäßig leichten Drogen, verurteilt. Eine Mehrheit von ihnen war weder im Drogenhandel aktiv, noch hat sie Gewalttaten begangen. Die von den Republikanern eingesetzte Politik der Drogenbekämpfung wurde von den Demokraten fortgeschrieben und hat unter Bill Clintons »tough on crime«-Politik zu der größten Zunahme der Gefängnispopulation in der US-amerikanischen Geschichte überhaupt geführt (ebd.).

Betrachten wir den Faktor *Race* bzw. Migration, im bundesdeutschen Kontext, so werden unmittelbare Parallelen wie auch große Unterschiede gegenüber den USA deutlich, die einerseits auf unterschiedliche Migrationsbewegungen, aber auch auf die verschiedenartigen Rechtssysteme zurückzuführen sind. Der Anteil von Migrantinnen und Migranten an der Gefängnispopulation ist in Deutschland überproportional hoch: 27,1 Prozent der Gefängnisinsassen waren 2011 »Ausländer«, gegenüber einem Anteil von neun Prozent an der Gesamtbevölkerung (World Prison Brief 2011; Statistisches Bundesamt 2012). Besonders auffällig ist der hohe Anteil von Migranten in Untersuchungshaft von

41,4 Prozent (Dünkel/Geng/Morgenstern 2010, 25). Als marokkanischer Bürger in Nordrhein-Westfahlen ist die Chance, ins Gefängnis zu kommen, achtmal so hoch wie für einen deutschen Bürger, als »Roma und Sinti« zwanzigmal so hoch (Wacquant 2000, 100). Auch ist der Anteil muslimischer Menschen in deutschen Gefängnissen im Vergleich zu ihrem Anteil an der Gesamtbevölkerung zwei- bis dreimal so hoch (Fröhmcke 2005, 38). Der prototypische Gefangene in Deutschland stammt aus einem armen Milieu (Hradil 2012), ist männlich, zwischen dreißig und vierzig Jahre alt (Dünkel/Geng/Morgenstern 2010) und migrantisch, wobei sich die Faktoren *Race*, Klasse und Gender wechselseitig verschränken und verstärken.

Insgesamt sind die Haftanstalten Europas mit einer steigenden Zahl an Migranten in ihren Haftanstalten konfrontiert (Ugelvik 2015; Wacquant 2000, 91–111), die zwar bei Weitem nicht an das Maß rassistischer Selektivität in den USA heranreicht, jedoch darauf hindeutet, dass auch in Europa das Strafrecht an der Reproduktion sozialer Segregation entlang der Faktoren *Race*/Migration beteiligt ist.

Auf einer internationalen Ebene lässt sich aus postkolonialer und *race*kritischer Perspektive analysieren, wie der Einsatz von strafrechtlichen Sanktionen historisch in Machtasymmetrien eingebettet ist, die sich im Rahmen des Kolonialismus herausgebildet haben. Dies zeigt sich sowohl im Internationalen Recht im Allgemeinen als auch in der Selektivität des Internationalen Strafgerichtshofs im Spezifischen.

Die Herausbildung des Internationalen Rechts ist eng mit dem Kolonialismus verknüpft, argumentiert der postkoloniale Rechtstheoretiker Antony Anghie (Anghie 2006; 2007). Die Rechtsdoktrinen und -prinzipien, die es bestimmen, seien in Europa entwickelt, durch die europäische Geschichte, ihre Erfahrungen und ihre Interessen instruiert und im Rahmen der kolonialen Expansion jenseits der europäischen Grenzen ausgedehnt worden. Spezifische Doktrinen der rechtspositivistischen Lehre des 19. Jahrhunderts, wie diejenige der Souveränität, seien explizit dazu genutzt worden, indigene Völker (als »nicht souverän«) aus dem Völkerrecht auszuschließen, was zu einer asymmetrischen Anwendung des Internationalen Rechts geführt habe. Indem man die Kolonisierten als barbarisch und unzivilisiert darstellte, konnte ihnen ein eigenständiger Platz im internationalen System zur Friedenssicherung verwehrt werden. Der Mechanismus, der hier zum Zuge kam, war derjenige der »Dynamik der Differenz« (2006, 742). Man bestimmte einen Abstand zwischen zivilisierten, fortschrittlichen und rückständigen, gewaltförmigen Kulturen, den es mithilfe des Internationalen Rechts zu überbrücken galt. Diese Dynamik setzt sich Anghie zufolge mithilfe der Entwicklungshilfe und des Kriegs gegen den Terror auch in der postkolonialen Ära fort.

Anghies Analyse basiert auf einer Annahme von kulturellen Unterschieden zwischen »Europa« und dem »globalen Süden« und der einseitigen imperialen Ausdehnung »westlicher« Standards und Normen (ebd., 741–742). Dem ließe sich mit dem beninischen Philosophen Paulin Hountondji entgegenhalten, dass es selbst ein Zeichen von Eurozentrismus sei davon auszugehen, universelle Kategorien wie die Menschenrechte oder die Menschenwürde seien eine Erfindung des Westens. Schließlich war auch die Geschichte der europäischen Zivilisation durch barbarische und menschenverachtende Praktiken geprägt, welche die Annahme zunichtemache, die Menschenrechte seien dort stärker als ein »massenkulturelles Faktum« verankert als in anderen Weltregionen (Hountondji 2015, 154). In Europa hat sich lediglich zu einem bestimmten historischen Zeitpunkt ein rechtstheoretischer Diskurs entwickelt, der eine Basis für die Ausformulierung des Völkerrechts bot: »Europa hat nicht den Gegenstand selbst, sondern den Diskurs über diesen Gegenstand hervorgebracht.« (Ebd., 155) Die Territorialisierung gewisser das Internationale Recht stützender Werte als europäisch zeuge von der Missachtung anderer Regionen, in denen sich Menschen seit Jahrtausenden ebenfalls aufgelehnt, entrüstet und von den Herrschenden Respekt eingefordert hätten. Diese vielfältigen sozialen Kämpfe lassen das Völkerrecht keineswegs als europäisches Privileg erscheinen, sondern machen es zu einer globalen Errungenschaft.

Im Rahmen der postkolonialen Kritik des Völkerstrafrechts werden die Widersprüche zwischen (universalisierbaren) Rechtsnormen einerseits und deren partikularer, einseitiger Anwendung zugunsten mächtiger Akteure andererseits deutlich: Der Internationale Strafgerichtshof (IStGH) entstand auf der Basis des »Römischen Statuts des Internationalen Strafgerichtshofs« von 1998, das von 120 Staaten verabschiedet wurde. Die völkerrechtlichen Grundlagen bilden das Völkergewohnheitsrecht und völkerrechtliche Abkommen wie die Genfer Konvention, die Völkermord- und die Anti-Folterkonvention (Kaleck 2012, 11). Als Vorläufer gelten zudem die Militärtribunale von Nürnberg und Tokio, bei denen Einzelpersonen für Kriegsverbrechen während des Zweiten Weltkriegs strafrechtlich zur Verantwortung gezogen wurden, sowie die Internationalen Gerichtshöfe für das ehemalige Jugoslawien (1993) und den Genozid in Ruanda (1994). Der IStGH wird nur dort tätig, wo Nationalstaaten ihrer Pflicht zur strafrechtlichen Verfolgung von schwerwiegenden Verstößen gegen das humanitäre Völkerrecht nicht nachkommen (Prinzip der *Komplementarität*). Es gibt drei Mechanismen, durch die es aktiviert werden kann: Entweder wird der IStGH im Auftrag eines dem Römischen Statut angehörigen Staates, durch eine Resolution des VN-Sicherheitsrates oder auf Eigeninitiative der Chefankläger tätig (Römisches Statut 1998, Art.

13). Aus postkolonialer Perspektive lässt sich im Hinblick auf den IStGH unter anderem das Prinzip des Rückwirkungsverbots kritisch diskutieren, welches verhindert, dass Verbrechen, die vor dem Inkrafttreten des Römischen Status stattgefunden haben, verfolgt werden können (ebd., Art. 24). Dieses Prinzip verhindert, dass die Kolonialverbrechen und die Kriegsverbrechen während der Befreiungskämpfe, beispielsweise die grausame Niederschlagung der Mau-Mau-Aufstände gegen die britischen Kolonialtruppen in Kenia oder die massenhafte systematische Folter von Mitgliedern der bewaffneten Befreiungsbewegung FLN (Front de Libération Nationale) während des Algerienkriegs durch die französische Armee, gerichtet werden können (Kaleck 2012). Die Nicht-Retroaktivität macht einen historischen Schnitt mit der Vergangenheit und postuliert mit den Römischen Statuten eine Stunde Null. Dagegen haben die Tribunale nach dem Zweiten Weltkrieg, die von den Siegermächten zur Ahndung schwerwiegender Verbrechen gegen die Menschlichkeit eingesetzt wurden, durchaus gegen das Rückwirkungsverbot verstoßen. Sie hielten die Verbrechen seitens der Nationalsozialisten für so gravierend, dass man sich über die gebotene Nicht-Retroaktivität des Rechts habe hinwegsetzen dürfen. Bei den Kolonialverbrechen wurde darauf von der internationalen Gemeinschaft verzichtet.

Zudem führt das Vetorecht im Sicherheitsrat, das die internationalen Kräfteverhältnisse nach dem Zweiten Weltkrieg widerspiegelt, zu einer Selektivität des IStGH. Ermittlungen können dadurch bereits im Vorhinein durch die Mitglieder des Sicherheitsrates verhindert werden. Außerdem haben sich die USA durch sogenannte *Bilateral Immunity Agreements* mit über hundert Staaten Sonderkonditionen geschaffen, die ihre eigenen Bürger vor der Verfolgung durch den IStGH schützen (Paech 2014). Die Voreingenommenheit in der Auswahl der Fälle manifestiert sich Kritikern zufolge darin, dass seit dem Bestehen des IStGH fast ausschließlich Kriegsverbrechen in Afrika bzw. afrikanische Täter geahndet wurden. Die Afrikanische Union beanstandete daraufhin 2013 die »neoimperialistischen Versuche«, durch das Völkerstrafrecht die Souveränität afrikanischer Staaten zu unterlaufen (ebd.). Dabei sollte man freilich nicht vergessen, dass fünf der zehn durchgeführten Prozesse von den jeweiligen afrikanischen Staaten selbst beantragt wurden, wie die gambische Juristin und seit 2012 tätige Chefanklägerin Fatou Bensouda in ihrer Verteidigung des IStGH betont (Bensouda/Papenfuß 2014, 19). Und nicht zuletzt handelte es sich bei den Opfern der betreffenden Verbrechen ebenfalls um auf dem afrikanischen Kontinent lebende Menschen.

Die Ermittlungen gegen westliche Staaten sind dagegen bislang alle eingestellt worden. So wurde beispielsweise das Verfahren gegen Tony Blair aufgrund seiner Verantwortung für Misshandlungen und Folter während des Irak-Kriegs von den Ermittlungsbehörden wegen der unterstellten geringen Zahl an Opfern als nicht schwerwiegend genug abgelehnt. Der universelle Geltungsanspruch, den das Völkerstrafrecht für sich reklamiert, wird aufgrund seiner Selektivität mitunter in Zweifel gezogen. Das Ungleichgewicht bei dem Ergebnis, wer strafrechtlichen Sanktionen unterliegt und wer sich diesen durch verschiedene Mechanismen entziehen kann, spiegelt geopolitische Machtungleichgewichte, welche die Neutralität des Völkerstrafrechts zumindest auf der Ebene seiner Anwendung zweifelhaft erscheinen lässt.

Eine Forderung nach der Reformierung des Völkerstrafrechtssystems besteht in dem Ruf nach einem Internationalen Zivilgerichtshof, wo auch Personen beschwerdefähig wären und die Immunität von Staaten als Akteuren von Menschenrechtsverletzungen aufgehoben wäre. Ein wichtiger Bestandteil dieses

Gerichtshofs könnten materielle Entschädigungen sein, die neben symbolischen Formen der Wiedergutmachung auch auf ökonomischer Ebene Ausgleich böten (Loick 2012).

Exkurs: Impulse aus der Ubuntu-Philosophie

Die Wiederbelebung und Neuerfindung der Ubuntu-Philosophie im Kontext Afrikanischer Philosophie zielt vor allem auf die Dekolonisierung rechtstheoretischer und gerechtigkeitsrelevanter Konzepte und auf eine Dezentrierung eurozentrischer Blickweisen. Ubuntu basiert auf der Vorstellung einer idealen präkolonialen Dorfgemeinschaft im subsaharischen Afrika sowie auf überlieferten Werten und Praktiken, die sich in unterschiedlichen Lokalsprachen in Form von Sprichwörtern oder Begriffen verdichten und in indigenen Institutionen konkrete Gestalt annehmen. Ubuntu betont Harmonie, Großzügigkeit, Gastfreundschaft und den Wert der Gemeinschaft (Dübgen & Skupien 2015; Ramose 2005; Shutte 2001). Der Begriff hat mehrere sprachliche Quellen, unter anderem das Hona-Wort »hunhuism« oder das Nguni-Sprichwort »Umuntu ngumuntu ngabantu«, was so viel bedeutet wie: »Eine Person ist eine Person durch andere Personen.« (Gade 2012, 313, Übers. F. D.) Ubuntu wird in der Regel mit »Menschlichkeit« übersetzt. Es basiert auf der ontologischen Vorstellung, dass für das menschliche Dasein die positive Beziehung zu anderen menschlichen Wesen konstitutiv ist. Die Idee der Gerechtigkeit, die Ubuntu inhärent ist, ist also stets relational, von dem Bezug zu anderen her verständlich. Ubuntu zufolge hat eine Person daher nicht nur Rechte gegen das Gemeinwesen, sondern auch Pflichten ihm gegenüber (Louw 2001).

Dieses kommunitaristische Verständnis von Moral, Politik und Recht hat auch straftheoretische Implikationen: Als für die Jurisprudenz wegweisender Wert betont Ubuntu Versöhnung und wendet sich gegen den Gedanken der Rache und der Vergeltung. Zudem betreffen Ubuntu zufolge Verbrechen nicht allein das Individuum, das diese begeht, und dessen Opfer, sondern die gesamte Gemeinschaft, die für den Einzelnen Verantwortung trägt. Gerechtigkeit sollte daher nicht ausschließlich auf den Täter oder die Täterin fokussieren, sondern sowohl die Opfer als auch die betroffenen Gemeinschaften miteinbeziehen und auf die Wiederherstellung gesamtgesellschaftlicher Harmonie zielen.

Die Übergangsverfassung Südafrikas in der Phase der Postapartheid (1993) bezog sich in ihrem Nachsatz ausdrücklich auf Ubuntu als Ziel der Übergangsgerechtigkeit: »[...] there is a need for understanding, but not for vengeance, a need for reparation but not for retaliation, a need for ubuntu but not for victimisation.« (*Interim Constitution 1993*, »National Unity and Reconciliation«) Diese Bezugnahme war grundlegend für die bahnbrechende »Wahrheits- und Versöhnungskommission« in Südafrika. Ihr Ziel war es – durch öffentliche Anhörungen, eine umfassende Dokumentation der Verbrechen während der Apartheid und weitgehende Amnestien für politisch motivierte Verbrechen – einen Prozess der nationalen Versöhnung in Gang zu setzen. Dadurch verlief der Übergang in die Postapartheid weitgehend friedlich und ermöglichte ein Zusammenleben von Weißen und Schwarzen trotz der gewaltbeladenen Geschichte rassistischer Exklusion und Unterdrückung, die sie miteinander verband.

Als Wert mit umstrittenem verfassungsrechtlichen Rang (in der aktuellen Verfassung von 1996 findet Ubuntu keine Erwähnung mehr) ging Ubuntu auch in zahlreiche Urteilsbegründungen in Gerichtsfällen ein. Mit Verweis auf Ubuntu wurde das Urteil im Prozess »S. v. Makwanyane and Others« 1995 begründet, das zu einer Abschaffung der Todesstrafe in Südafrika führte. Zudem gilt Ubuntu als wegweisend für den Fall »Port Elizabeth Municipality vs. Various Occupiers«, in dem zugunsten von einer Gruppe entschieden wurde, die mangels Wohnraum Land besetzt hatte. Damit stellte das Gerichtsurteil Eigentumsverhältnisse infrage, insofern es argumentierte, dass das Recht auf Eigentum an Land mit dem grundlegenden Recht auf Obdach abgewogen werden müsse. Mit Bezug auf Ubuntu als Wert, dem zufolge in juristischen Entscheidungen auch Fragen der sozialen Gerechtigkeit eine Rolle spielen sollten, wurden Urteile in Rechtsstreitigkeiten mit sozioökonomischen Belangen (Wasser-, Strom- und Gesundheitsversorgung) sowie im Arbeitsrecht begründet (beispielsweise im Hinblick auf Arbeitnehmer mit HIV, vgl. Cornell/Muvangua 2012; Furman 2014).

In der rechtsphilosophischen Debatte könnte Ubuntu als ein neues rechtstheoretisches Fundament dienen, das einerseits Fragen der sozialen Gerechtigkeit stärker berücksichtigt und andererseits neben der Strafe auch andere Mechanismen der Konfliktlösung stärkt. Und noch radikaler ließe sich fragen, ob Ubuntu als eine abolitionistische Alternative zum Strafrecht dienen kann (Nagel 2014, vgl. Kap. 5.1).

5. Perspektiven jenseits des Strafens

Dieses letzte Kapitel wendet sich straftheoretischen Positionen zu, welche die Notwendigkeit zu strafen als solche radikal infrage stellen. Der straftheoretische Abolitionismus richtet sich vor allem gegen die Institution des Freiheitsentzugs und plädiert für die Abschaffung von Gefängnissen. Vertreter der restaurativen Gerechtigkeit suchen nach anderen Formen der Konfliktlösung jenseits von Rache und Vergeltung. Mit Blick auf die Zukunft plädieren sie für Formen der Wiedergutmachung, Heilung und der kommunikativen Verständigung zwischen den Prozessbeteiligten, die es ermöglichen sollen, dass diese wieder konfliktfrei miteinander leben können. Transformative Gerechtigkeitstheorie fokussiert dagegen die grundlegenden strukturellen Bedingungen, die überhaupt erst dazu führen, dass »Kriminalität« entsteht, und zielen auf die Veränderungen fundamentaler Ungerechtigkeiten.

5.1 Abolitionismus: Plädoyer für die Überwindung strafrechtlicher Institutionen

Der straftheoretische Abolitionismus (engl.: *penal abolitionism*) ist einerseits eine soziale Bewegung und andererseits eine theoretische Strömung, die für die radikale Abschaffung des Strafens argumentiert. In den Begriff Abolitionismus ist die Geschichte des Kampfes gegen die Sklaverei, gegen die Rassentrennung und gegen die Todesstrafe eingeschrieben. Bewegungen, die sich als »abolitionistisch« verstehen, zielen auf die Überwindung (*abolish*, dt.: beseitigen, abschaffen) einer sozialen Praxis. Der straftheoretische Abolitionismus setzt sich für die Überwindung des Strafrechts und insbesondere die Abschaffung des Gefängnisses ein. Viele Abolitionisten argumentieren dafür, strafrechtliche Belange als Konflikte zwischen Bürgern (wie im Zivilrecht) zu deuten. Das Prinzip des Strafens wird hierbei durch das Prinzip der Wiedergutmachung, des Ausgleichs und der Vergebung ersetzt. Zudem plädieren Abolitionisten für die Entkriminalisierung von Straftatbeständen, insbesondere solcher, die für die Gesellschaft kaum oder gar nicht schädlich sind. So lässt sich beispielsweise argumentieren, dass der Konsum leichter Drogen niemandem ernsthaft schadet und es ohnehin eine kulturell imprägnierte und zugleich willkürliche Festlegung ist, der Genuss welcher Drogen (z. B. Alkohol, Nikotin oder Koffein) erlaubt ist und welche durch Verbote nicht konsumiert werden dürfen (z.B. Marihuana). Die Abolitionisten scheiden sich des Weiteren in Minimalisten und Maximalisten: Erstere fordern die Abschaffung einzelner Arten des Freiheitsentzugs (*segmentärer Abolitionismus*), beispielsweise des Jugendstrafvollzugs, während Letztere auf die Dekonstruktion des Verbrechensbegriffs als solchem und die Abschaffung strafrechtlicher Sanktionierung im Ganzen abzielen (*radikaler Abolitionismus*, vgl. Feest & Paul 2008, 18).

Die Begründungen für die Abschaffung der Strafe gehen in der internationalen kriminologischen Debatte der 1970er und 1980er Jahre je nach moralischen, pragmatischen und materialistischen Argumenttypen weit auseinander: Ihre Begründungsstrategien verweisen im Wesentlichen auf die sozialpsychologischen Ursachen von Verbrechen, die mangelnde moralische Legitimation für die Produktion massiven Leidens durch das Strafrecht (*moralischer Rigorismus*), auf die Ineffizienz strafrechtlicher Institutionen mit Blick auf die von ihnen verfolgten Ziele (*logischer Rigorismus*) und auf die systematische Einbettung des Strafrechts in Strukturen makrostruktureller Ungleichheit (*struktureller Abolitionismus*).

In der deutschen Rechtsgeschichte kann Gustav Radbruchs Forderung nach einer negativen Kriminalpolitik zugunsten einer stärkeren Sozialpolitik und der Reduktion des Strafrechts auf Anordnungen von Maßregeln als ein Vorläufer abolitionistischen Gedankenguts im Strafrecht gedeutet werden (Radbruch 1993, 77). Auf einer politischen Ebene forderte zudem bereits das seit 1958 bestehende European Committee on Crime Problems (CDPC) in seinem *Report on Decriminalisation* aus dem Jahr 1980 unter dem Vorsitz des niederländischen Kriminologen und Abolitionisten Louk Hulsman eine sukzessive Abschaffung des Strafrechts. Vorgesehen waren eine Entkriminalisierung vormals strafrechtlich stigmatisierter Praktiken wie Homosexualität und eine Stärkung alternativer Formen des Umgangs mit sozialer Devianz. Darunter fällt die volle soziale Anerkennung ehemals durch das Strafrecht stigmatisierter Verhaltensweisen in einer pluralistischen demokratischen Gesellschaft (Council of Europe 1980; Scheerer 1983).

Der Philosoph Arno Plack argumentiert in seinem *Plädoyer für die Abschaffung des Strafens* (1974) für eine Überwindung des Strafrechts aus einer sozialpsychologischen und moralphilosophischen Perspektive. Plack identifizierte in der restriktiven Moral der Nachkriegsgesellschaft, dem »lustlosen Dahinleben«, eine der Hauptursachen für angestaute Frustrationen, die sich in Gewalt und Regelübertretungen manifestierten (ebd., 380). Der repressive Charakter der Gesellschaft, der sich insbesondere in der autoritären und lieblosen frühkindlichen Erziehung wie auch in einer prüden Sexualmoral äußere, müsse überwunden werden, um einer freien Gesellschaft Platz zu machen.

Bei Eigentumsdelikten plädiert Plack für die Wiedergutmachung als Prinzip der Wiederherstellung von Gerechtigkeit. Für sozial gefährliches Verhalten fordert er ein »Maßnahmenrecht«, das individuell auf das jeweilige Vergehen eingeht und dadurch zukünftige Straftaten noch effektiver verhindern soll. So könne einem notorischen Raser der Führerschein entzogen werden. Gewaltbereite Täter möchte Plack therapieren lassen, um einer durch die Gesellschaft produzierten und tief verankerten Aggressivität entgegenzuwirken. Dies könne auch in geschlossenen Anstalten und in Verbindung mit Arbeitszwang geschehen. Beides fördere die »Resozialisierung« und konterkariere den »desozialisierenden« Aufenthalt in einer Haftanstalt. Placks fester Glaube an umfassende Soziotherapie und »Arbeitserziehung« (ebd., 383) als Modus der Reform erscheint aus heutiger Perspektive und im Lichte der kritischen Anti-Psychiatriebewegung, angesichts der Foucault'schen Kritik am normalisierenden und unterwerfenden Charakter wohlfahrtsstaatlichen Strafens (Foucault 1994) und schließlich in Anbetracht der Missbrauchsgefahr in geschlossenen Institutionen, wie sie insbesondere in Erziehungsheimen der Nachkriegszeit zutage getreten ist, als sehr fragwürdig. Und dennoch ist sein Plädoyer für eine »Resozialisierung der Gesellschaft« (Plack 1974, 383) – und nicht allein diejenige des Täters – eine eindrückliche Intervention in die Strafrechtsdebatte, welche den Geist der außerparlamentarischen Opposition jener Zeit argumentativ zuspitzte und ihm Ausdruck verlieh.

Begründer eines *moralischen Rigorismus* ist der norwegische Kriminologe Nils Christie. Er untermauert seinen radikalen Abolitionismus insbesondere in seiner Monografie *Grenzen des Leids* (1981, dt. 1986). Sein Grundargument, welches er selbst als »moralistisch« bezeichnet (und sich selbst ironisch als »moralischen Imperialisten«), lautet, dass unnötiges Leiden verhindert werden sollte: »Verhänge so wenig Leid wie möglich!« (Ebd., 21) Das Strafrecht verursacht jedoch intentional Leiden durch die beabsichtigte Zufügung von Schmerz. Ziel des Abolitionismus sei es daher nicht, nach alternativen Strafen zu suchen, sondern nach Alternativen zum Strafen. Die zunehmende »Behandlung« von Verurteilten durch Therapien deutet Christie als eine Form des alternativen Strafens, da die zwangsweise durchgeführte Therapierung von vielen Patienten als ähnlich gewaltvoll erfahren werde wie der klassische Vollzug: Die Behandlung, die sich als ein vermeintlich humanistischer Fortschritt beim Umgang mit Devianz geriere, ist ihm zufolge in Skandinavien zum Einfallstor einer Strategie geworden, unliebsame Personen (beispielsweise Alkoholiker im öffentlichen Raum) wegzusperren und sie nach einem relativ willkürlich bestimmten Zeitmaß staatlich verordneten Maßnahmen zu unterziehen.

Ein weiteres von Christie vorgebrachtes Argument gegen das Strafen lautet, dass die Justiz Menschen ihrer natürlichen Konflikte beraube: Menschen haben Konflikte; diese gehören zu ihnen und können potenziell ein wichtiges Ereignis in ihrem Leben darstellen. Konflikte ermöglichen es Bürgern, gesellschaftlich aktiv zu werden und sich an der Konfliktlösung zu beteiligen. Die Auseinandersetzung mit der anderen Konfliktpartei eröffnet zudem den Raum, deren Beweggründe zu erkunden, die Tat in irgendeiner Form erklärbar zu machen und die Angst vor einem diffusen sozialen Phänomen zu verlieren. So berichtet beispielsweise Hulsman, wie bereichernd er es gefunden habe, sich mit den Jugendlichen, die mehrfach in das gemeinsame Haus von ihm und seiner Frau eingedrungen waren und dort Sachbeschädigung begangen hatten, in Gesprächen und gemeinsamen Aktivitäten auseinanderzusetzen. Er habe begreifen können, wie Perspektivlosigkeit und Langeweile sie zu dieser Tat getrieben hätten; wie sein Haus mit den vielen exotischen Objekten, Mitbringseln von Reisen, diese Jugendlichen fasziniert habe. Er beschreibt, wie durch den Kontakt mit den Familien der Jugendlichen soziale Schranken überbrückt werden konnten, die ihn in seinem bisherigen Leben als Professor von dem Leben dieser Heranwachsenden aus einem sozial schwächeren Milieu getrennt hatten (Hulsman 1991, 697–704).

Im Strafrecht werden zwischenmenschliche, soziale Konflikte Christie zufolge in einen Konflikt zwischen einem Bürger und dem Staat umgedeutet. Das Opfer werde hierdurch doppelt viktimisiert: Es ist erstens das Opfer eines Verbrechens. Zweitens werde ihm der Konflikt weggenommen und damit die Möglichkeit der Auseinandersetzung mit dem Täter sowie die Aussicht auf Wiedergutmachung. Das Recht etikettiert dabei eine Person als Verbrecher; es zieht klare Grenzen zwischen »schuldig« und »unschuldig«. Diese klaren Zuschreibungen lassen sich in der Wirklichkeit, in der Täter zuweilen selbst Opfer sind, nicht wiederfinden und blenden damit wichtige systemische Faktoren aus, die überhaupt erst zu Gesetzesübertretungen führen. Die Justiz ist eine vertikale Institution, in der Richter über Bürger richten. Auch in dieser Hinsicht schildert Hulsman eindrücklich, wie die Jugendlichen, als sie strafrechtlich für ihren Einbruch zur Rechenschaft gezogen wurden, eigentlich nichts von dem ganzen Prozedere, dem sie ausgesetzt waren, verstanden. Gelähmt von Angst und Anspannung, waren sie passive Zuschauer ihrer eigenen Gerichtsverhandlung (ebd., 702).

Konfliktlösung bedarf dem moralischen Rigorismus zufolge dagegen horizontaler Mechanismen zur Regelung von Streitigkeiten zwischen einander Gleichgestellten. Christie schlägt deswegen die Wiedereinführung von Laiengerichten vor, in denen die richtenden Personen dem Täter in der Regel sozial näher stehen als ein Richter. Richtende und Angeklagte sollten in einem gemeinsamen sozialen System beheimatet sein, was es ihnen erlaube, die Konsequenzen ihrer Entscheidungen mitzubedenken, also zu beachten, wie sich die beabsichtigten Sanktionen auf die Beteiligten auswirken könnten (Christie 1986, 30–31). Die Richtenden würden auf diese Weise selbst »verletzbar«, weil sie Teil der sozialen Situation sind, in die sie richtend eingreifen. Sie bemühten sich deswegen stärker um Streitschlichtung und Wiedergutmachung, anstatt Sanktionen zu verhängen, die neues Leiden produzieren. Eine Voraussetzung hierfür sei, dass Gesellschaften insgesamt gerechter würden und sozialen Disparitäten entgegenwirkten. Weitere strukturelle Bedingungen seien zudem, dass die Menschen innerhalb einer Gemeinschaft in wechselseitiger Abhängigkeit zueinander stehen, zentrale Glaubensvorstellungen miteinander teilen und sich gegenseitig gut kennen und vertrauen. Als Modelle orientiert sich Christie an der anarchistischen Gemeinschaft »Christiana« in Kopenhagen, dem Zusammenschluss autark lebender Menschen mit Behinderung in Norwegen »Vidaråsen« und den reformorientieren »Twindschools« in Dänemark, in denen Menschen jeweils eigenständig ihre sozialen Konflikte regeln und sich gegen Eingriffe von außen zur Wehr setzen.

Gegen Christies Modell lassen sich einige gewichtige Gegenargumente vorbringen: Die Form der immanenten Rechtsprechung, in der es keine äußere Instanz gibt, die in Verhältnisse zwischen Bürgern eingreift, birgt die Gefahr, lokale Machtverhältnisse zu unterschätzen und diese gegebenenfalls sogar zu verstärken. Das Primat der »Gemeinschaft« kann totalitäre Züge annehmen, gegen die die Verrechtlichung in modernen Gesellschaften schützt. Christies Modell basiert auf einer sehr positiven Vorstellung einer relativ homogenen Gesellschaft sowie deren Fähigkeit zur informellen Konfliktregelung. Er lässt dabei die Machtdifferenzen außer Acht, welche diese Kontexte normalerweise prägen. Rechtsverhältnisse können Individuen und

Minderheiten jedoch auch schützen und als Regelungsmechanismen einer pluralistischen, hochgradig arbeitsteiligen Gesellschaft einen Fortschritt gegenüber lokalen Formen der Selbstjustiz darstellen. Zudem enteignet das Rechtsverfahren nicht allein das Opfer, sondern kann es auch entlasten und unterstützen; gerade wenn das Opfer-Täter-Verhältnis in eine Situation eingebettet ist, in der sich das Opfer unterlegen fühlt, beispielsweise bei sexualisierter Gewalt innerhalb patriarchaler Kontexte. Insgesamt stellt sich in diesem Zusammenhang die Frage, ob die lokale Gemeinschaft als Streitschlichter tatsächlich stets die bessere Alternative zum vermeintlich »repressiven« Staat bietet, sofern auch sie durchmachtet ist und sich bestehende Dominanzverhältnisse in der Entscheidungsfindung gegebenenfalls reproduzieren (von Trotha 1983).

Die in der Tschechoslowakei gebürtige und seit 1968 in Deutschland wirkende Soziologin und Kriminologin Gerlinda Smaus argumentiert auf der Basis eines *logischen Rigorismus* gegen die Strafe. Dieser Rigorismus gebietet, die »unlogische Tatsache des Strafrechts selbst abzuschaffen« (Smaus 1986, 3), weil das Strafrecht seinen eigenen positiven Zielsetzungen nicht gerecht werde. Im Rahmen ihrer gesellschaftstheoretischen Analyse hinsichtlich der zentralen Funktionen des Strafrechts orientiert sich Smaus sowohl an Jürgen Habermas' Unterscheidung zwischen »System« und »Lebenswelt« aus dessen *Theorie des kommunikativen Handelns* (Habermas 1981) als auch an materialistischen Kritiken des Strafrechts aus den 1970er Jahren (Mathiesen 1974; Poulantzas 1976).

Die Lebenswelt verdichtet sich der Theorie kommunikativen Handelns zufolge in der Familie, der Nachbarschaft und der Zivilgesellschaft. Das Strafrecht homogenisiert und zerstört nach Smaus die in dieser Lebenswelt vorhandenen Kommunikationsstrukturen, indem es sich an abstrakten Gesetzen statt an den

Problemen der Menschen orientiert. Der soziale Kontext der jeweiligen Tat werde in juristischen Verfahren nicht ausreichend berücksichtigt. Zudem orientiert sich das Strafrecht nicht an den Interessenpräferenzen innerhalb der Lebenswelt, sondern dient den Interessen des »Systems«, das durch Geld und bürokratische Macht reguliert wird und sich unter anderem in den »Subsystemen« der staatlichen Bürokratie und der Wirtschaft äußert. Das Strafrecht dient demnach Smaus' Analyse zufolge der Aufrechterhaltung der Besitzverhältnisse und der Verfügungsgewalt über lebenswichtige Ressourcen. Es wird zu einem Mechanismus der Kontrolle und der Absicherung staatsbürgerlicher Loyalität (Smaus 1986, 15). Es ist ein Produkt vergangener gesellschaftlicher Kämpfe, die es zugleich abbildet und fortschreibt. In seiner selektiven Anwendung führe es im Spätkapitalismus zu einer einseitigen Stigmatisierung der Unterschicht als kriminell, während zahlreiche Delikte seitens des Bürgertums systematisch nicht erfasst würden. Durch diese »*partikularistische* Wirkungsweise des Strafrechts« (Smaus 1998, 298) reproduziert das Recht gesellschaftliche Dominanzverhältnisse und legitimiert die Ungleichverteilung gesellschaftlicher Güter. Besonders deutlich wird dies bei der Betrachtung der Institution des Gefängnisses: »Das Gefängnis demonstriert, wie es jenen ergeht, die die ihnen zugemutete Position in der Verteilungsstruktur nicht akzeptieren wollen und illegal dagegen aufbegehren.« (Ebd., 303) Damit wird das Gefängnis zum zentralen Kommunikationsmittel des Strafrechts, dessen symbolische Botschaft darin besteht, die vertikale Differenzierung der Gesellschaft zu verteidigen. In diesem Sinne kolonisiert das System (Politik, Wirtschaft) die Lebenswelt (Privatsphäre, Öffentlichkeit) mithilfe des Strafrechts und verhindert, dass Menschen Konflikte in ihrer sozialen Umwelt selbständig lösen. Es bedarf also einerseits einer »negativen« Kriminalpolitik im Sinne eines Schutzes der Lebenswelt vor dem System, beispielsweise durch Entkriminalisierung lebensweltlicher Praktiken. Zusätzlich zielt Smaus' Abolitionismus im Sinne einer »positiven« Kriminalpolitik auf die Rückgewinnung der innerhalb der Lebenswelt möglichen Autonomie und der ihr eigenen Konfliktregelungsmechanismen. Dies erfordert eine umfassende Gesellschaftspolitik und lässt sich daher als struktureller Abolitionismus bezeichnen.

Als eine weitere Variante eines strukturellen Abolitionismus ist der demokratische Abolitionismus (engl.: *abolition democracy*) von Angela Davis (2005) zu verstehen, die sich damit auf den Gebrauch des Begriffs Abolitionismus durch den Bürgerrechtler W.E.B. Du Bois bezieht. Dieser hatte nicht nur die formelle Abschaffung der Sklaverei gefordert, sondern sich zugleich für neue gesellschaftliche Institutionen eingesetzt, welche es schwarzen Menschen ermöglichen sollten, gleichwertig am gesellschaftlichen Leben zu partizipieren. Neben der Abschaffung der Todesstrafe fordert Davis auch die Abschaffung des »Prison-Industrial Complex« (Davis 2001; 2003). Dieser Begriff verweist auf die ökonomischen und politischen Herrschaftsbeziehungen, welche sich in der Institution des Gefängnisses abbilden (Davis 2005, 72). Zugleich verbindet sie die Idee des Abolitionismus mit jener der Demokratie, und zwar im Sinne einer integrativen Betrachtungsweise gesellschaftlicher Unterdrückungsverhältnisse. Es bedürfe neuer Institutionen, Strategien und Konzepte, um das Gefängnis langfristig überflüssig werden zu lassen (ebd., 75). Die Bürger haben ein Recht auf gute Gesundheitsfürsorge, Bildung, Arbeit, eine gewaltfreie Umgebung und Wohnraum. Dabei betont Davis die Widersprüchlichkeit des Rechts: Einerseits ermöglicht die postulierte Gleichheit vor dem Gesetz die rassistische und klassenspezifische Selektivität des Strafrechts dadurch, dass sie von den konkreten sozialen Eigenschaften von Personen abstrahiert und damit rassistische und klassenspezifischer Diskriminierung nicht sehen kann. Andererseits liege in ebendieser Gleichheit vor dem Gesetz das progressives Potenzial der Justiz, das sich soziale Bewegungen stärker zunutze machen sollen: »We might phrase the following question: how do we use the law as a vehicle of progressive change, while simultaneously emphasizing the importance of acknowledging the limits of the law – the limits of national as well as international law.« (Ebd., 92) Um die Strafe und die Politik der Bestrafung marginalisierter Gruppen zu überwinden, bedürfe es eines Ansatzes, der die bestehenden Strukturen radikal infrage stellt. Letztliches Ziel sei eine demokratische Politik, die umfassende gesellschaftliche Teilhabe ermöglicht.

Die *Neoabolitionisten* fordern seit den 1990er Jahren eine stärker interventionistisch ausgerichtete Theorie, die Aktivisten und Gefangene stärker miteinbezieht und der hegemonialen Strafrechtsdebatte eine »criminology from below« entgegensetzt (Sim 2013; James 2005).

Kritisiert worden sind abolitionistische Theorien unter anderem dafür, dass die von ihnen vorgesehenen informellen Regelungsmechanismen nicht mit der Realität und Komplexität heutiger Gesellschaften vereinbar seien. Zudem bedürfe es geteilter gesellschaftlicher Normen für das friedliche Zusammenleben, die durch Strafen gefestigt würden. Letztlich binde das Strafrecht auch die Exekutive und sichere die Rechte des Bürgers gegen den Staat (Hassemer 1999, BGH; Häßler 2006, 120–121).

Im Rahmen der pragmatischen Zielsetzungen eines minimalen Abolitionismus lassen sich neben der bereits angedeuteten Strategie der Entkriminalisierung von Tatbeständen verschiedene Wege skizzieren, welche der Versuch eint, das Strafrecht in seiner Reichweite zu begrenzen und in seiner Härte zumindest abzumildern. Dabei lässt sich zwischen alternativen Strafmaßnahmen und Alternativen *zur* Strafe unterscheiden. Einige dieser Mechanismen werden im Folgenden vorgestellt und aus dem Blickwinkel abolitionistischer Theorien beleuchtet.

Ein Mechanismus der alternativen Konfliktlösung ist der Täter-Opfer-Ausgleich. Das Ziel eines solchen Verfahrens besteht darin, durch den institutionell geregelten kommunikativen Austausch zwischen Opfer und Täter Verständigung und Wiedergutmachung zu erzielen und damit auch das Opfer (oder die Person, die als solche identifiziert wird) stärker in den Prozess zu integrieren. In Deutschland ist ein Täter-Opfer-Ausgleich bei geringfügigen Delikten möglich, kommt jedoch selten zur Anwendung (§ 155a StPO). Positiv zu erwähnen ist in diesen Fällen die hohe Anzahl an einvernehmlichen Lösungen zwischen den Beteiligten, die niedrige Rückfallquote der »Täter« und die hohe Zufriedenheit der »Opfer« mit dem Prozess. Negativ zu vermerken ist aus einer abolitionistischen Perspektive jedoch, dass es sich bei dieser Art des Ausgleichs letztlich um eine alternative Strafe handelt, da fraglich erscheint, ob der vermeintliche oder tatsächliche Täter sich wirklich freiwillig auf diesen Prozess einlässt oder dies nur aufgrund eines drohenden strafrechtlichen Verfahrens tut. Dieser Aspekt verweist letztlich auf die Frage, ob unter Zwang überhaupt »Besserung« erreicht werden kann oder ob die transformative Komponente der wiedergutmachenden Gerechtigkeit nicht fundamental davon abhängt, wie sich eine Person zu einer Maßnahme verhält. Zum anderen kann das Verfahren auch für das Opfer eine Belastung darstellen, wenn es den Täter persönlich kennt oder strukturell in einer Machtbeziehung zu ihm steht. Der hierbei erzeugte psychische Druck kann bestehende gewaltförmige Beziehungen sogar noch verstärken, statt zu einer Konfliktlösung auf gleicher Augenhöhe zu führen.

Ein weiterer Mechanismus der Alternative zum Strafen besteht in der Diversion, der Einstellung eines Verfahrens gegen erzieherische Maßnahmen, beispielsweise durch gemeinnützige Arbeit. Damit wird der angeklagten Person einerseits eine strafrechtliche Verurteilung erspart, andererseits das Ziel der »Besserung« verfolgt. Diese Maßnahme kann jedoch ebenso als eine alternative Strafe gedeutet werden, der zugestimmt wird, um ein Hauptverfahren und einen Richterspruch zu umgehen.

Präventiv agiert dagegen das Konzept der sozialen Kontrolle, das darauf ausgerichtet ist, soziales Konfliktpotenzial frühzeitig zu erkennen und durch die Verbesserung der Lebensbedingungen möglicher Straftäter und gezielte Sozialarbeit zu bekämpfen. Ein problematischer Aspekt dieser Form des alternativen Umgangs mit sozialer Devianz besteht jedoch darin, dass durch präventive Sozialarbeit und Überwachung ein *net-widening*, eine Ausweitung der sozialen Kontrolle entsteht, das auch als Form der Vorverurteilung bestimmter Personengruppen sowie als Eindringen des Staates in private Lebensbereiche erfahren werden kann.

Als positive Errungenschaft des Abolitionismus deuten einige ihrer Vertreter die Abschaffung des Jugendstrafvollzugs (1973 in Dänemark, 1975 in Norwegen und 1980 in Schweden), den Wegfall des Arbeitszwangs in Gefängnissen Nordeuropas sowie eine allgemeine Tendenz der Entpönalisierung dieser Länder, die sich in niedrigen Gefangenenraten manifestiert (Feest & Paul 2008, 10–11).

5.2 Restaurative Gerechtigkeit als Wiederherstellung sozialer Harmonie

Als Alternative zu der auf Strafe ausgerichteten retributiven Gerechtigkeit und als Reaktion auf die Krise der pönalen Moderne wenden sich seit den 1970er Jahren zahlreiche Theoretiker alternativen Weisen der Herstellung von Gerechtigkeit zu, die sich grob in zwei verschiedene Strömungen einteilen lassen: erstens die restaurativen Theorien, die vielfach mit Rückgriff auf indigene Praktiken alternative Formen der Gerichtsbarkeit erkunden, und zweitens transformative Theorien, die fordern, Strafe stärker in ihrem gesamtgesellschaftlichen Kontext und Normübertretungen auch in intrinsischer Verknüpfung mit Fragen umfassender sozialer Gerechtigkeit zu diskutieren. Letztere weist Parallelen zum strukturellen Abolitionismus auf.

Die Debatte um restaurative Gerechtigkeit bezog sich anfänglich auf Untersuchungen der Konfliktlösungsmechanismen der *Native Americans* in Nordamerika und der *Aboriginals* in Neuseeland. Ziel dieser restaurativen Ansätze ist nicht Bestrafung – der Tat oder der Täter –, sondern die Heilung der Verletzungen bei den Opfern. Daher gelten restaurative Ansätze im Gegensatz zu der täterzentrierten Rechtsprechung als opferzentriert. Ihr Ziel besteht in der Wiederherstellung gesamtgesellschaftlicher Harmonie durch einen Prozess der Versöhnung zwischen den Beteiligten. In restaurativen Ansätzen wird das Verbrechen nicht als Verletzung eines abstrakten Rechts gedeutet, sondern als Konflikt zwischen den Betroffenen. Diese Form der Konfliktregelung basiert auf einer diskursiven Vermittlung zwischen »Täter« und »Opfer«, wobei beide Perspektiven gleichwertig ernst genommen werden müssen. Die Gemeinschaft trägt restaurativen Ansätzen zufolge eine Mitverantwortung für die Tat und muss daher in die Konfliktlösung miteinbezogen werden.

Restaurative Ansätze sind im Gegensatz zu der (auf das vergangene Unrecht reagierenden) retributiven Gerechtigkeit in die Zukunft gerichtet, da sie auf eine Veränderung der Beziehung zwischen den Parteien abzielen. Dieser Veränderungsprozess erfolgt durch die Mediation zwischen den unterschiedlichen Sichtweisen der beteiligten Personen auf ein und dasselbe Ereignis. Das kriminelle Ereignis wird hierbei nicht als eine losgelöste Entität, sondern als ein Produkt der gesellschaftlichen Beziehungen verstanden, in die es eingebettet ist. Ziel des Mediationsprozesses darf es nicht sein, den Täter bloßzustellen und von der Gesellschaft zu isolieren. Stattdessen soll er oder sie in das Gemeinwesen zurückgeführt werden. Gängige Methoden restaurativer Gerechtigkeit sind Täter-Opfer-Ausgleichsverfahren (vgl. Kap. 5.1) oder das *Circle sentencing*, bei dem die Gemeinschaft aktiv an der Konfliktlösung beteiligt wird. Ein weiteres Verfahren ist das »reintegrative *Shaming*« (Braithwaite 1989). Dabei wird eine Person für ihre Handlung zur Rechenschaft gezogen, um ihr die Folgen ihrer Tat aufzuzeigen. Zugleich wird ihr aber auch die Möglichkeit geboten, von der Gemeinschaft Vergebung zu erfahren, Respekt, Großzügigkeit und Akzeptanz zu erleben. Dadurch soll die Normstabilisierung von ausgrenzenden Formen des Strafens abgekoppelt werden.

Prozesse der restaurativen Gerechtigkeit zielen darauf, bei der Person, die eine Tat begangen hat, Empathie zu erzeugen, und die Rationalisierungsstrategien für eine Tat (»Sie hat doch eh genug Geld. Die entwendete Tasche wird ihr nicht groß wehtun.«) zu durchbrechen. Daneben sollen aufseiten des Opfers und in dessen Umkreis Zyklen von Rachegefühlen und Wut durchbrochen werden. Indem alle Parteien an dem Prozess der restaurativen Gerechtigkeit beteiligt sind, kann jeder und jede die eigene Perspektive auf das Ereignis artikulieren und zur Diskussion stellen, was als gemeinschaftsstärkend empfunden wird und gegenseitigen Respekt herzustellen vermag. Jeder Konflikt ist dieser Sichtweise zufolge potenziell eine Chance, voneinander zu lernen und sich und die Gemeinschaft positiv zu verändern. Ein Bestandteil dieses Versöhnungsprozesses sind häufig Formen der Wiedergutmachung durch Reparationszahlungen, Restitution von ungerecht angeeignetem Besitz oder eine andere Form des Ausgleichs für den erlittenen Schaden (Johnstone 2011).

Trotz der Attraktivität dieses Alternativmodells zur retributiven Gerechtigkeit lassen sich auch viele Schwachstellen restaurativer Ansätze identifizieren. Zunächst bieten diese keinen ausreichenden Täterschutz, da dem Verhandlungsprozess in vielen restaurativen Verfahren keine hinreichende Beweisaufnahme vorausgeht und der oder die Angeklagte als »Täter« in den Prozess eingeführt wird (van Zyl 1999). Die starke Betonung der Einbettung des Individuums in die Gemeinschaft läuft zudem Gefahr, Individualinteressen oder spezifische Bedürfnisse von Minderheiten gegenüber denjenigen der Gemeinschaft zu vernachlässigen (Mangena 2009). Restaurative Prozesse garantieren darüber hinaus keine angemessene, verallgemeinerbare Strafzumessung und entformalisieren damit die Rechtsprechung (Johnstone 2011, 27). Überdies erweisen sich restaurative Gerechtigkeitstheorien insofern als vergangenheitsorientiert, als sie einen Zustand wiederherzustellen (engl.: *restore*) bestrebt sind, der als solcher möglicherweise gar nicht erstrebenswert ist, weil er durch Unrechtsverhältnisse und Machtungleichgewichte geprägt war (Morris 2000, 19).

Kritiker restaurativer Ansätze bemängeln darüber hinaus, dass restaurative Gerechtigkeit nicht in adäquater Weise ebenjene Bedingungen ins Auge fasst, die ein Verbrechen überhaupt erst produzieren. Die Gefahr eines solchen Ansatzes liegt darin, Konflikte allein auf die interpersonale Ebene zu reduzieren. Der

Fokus auf »Täter« und »Opfer« drängt strukturelle Fragen in den Hintergrund. In strukturell ungerechten Verhältnissen, so lässt sich gegen die restaurative Gerechtigkeitstheorie argumentieren, kann die Verinnerlichung der Schuld durch ein vermeintliches Tätersubjekt zu einer Internalisierung von Gewaltverhältnissen führen, zu einer nach innen gekehrten Aggressivität. Schlimmstenfalls wird Versöhnung zu einem legitimatorischen Schutzschild gegenüber struktureller Gewalt, die in restaurativen Prozessen durch den Fokus auf die Beziehung zwischen Tätern und Opfern in den Hintergrund gerät (Mamdani 1998).

Aufgrund der kritischen Einwände sowohl gegen retributive als auch gegen restaurative Ansätze als idealtypische Gerechtigkeitsmodelle hat sich eine jüngere Strömung formiert, die sich als »transformative Gerechtigkeit« bezeichnet.

5.3 Transformative Gerechtigkeit: Horizonte gesamtgesellschaftlicher Formen der Konfliktlösung

Transformative Gerechtigkeit nimmt die grundlegenden Strukturen in den Blick, die Kriminalität und Verbrechen überhaupt erst hervorbringen (Nocella 2011; Morris 2000). Ihre Vertreter reagieren damit auf die Schwachstellen sowohl retributiver als auch restaurativer Gerechtigkeitstheorien und verschieben den Fokus vom Individuum und seinen autonomen Entscheidungen zu den ökonomischen Bedingungen, politischen Institutionen und sozialen Praktiken, in welche Gewalt und soziale Devianz eingebettet sind. Das Ziel transformativer Gerechtigkeit ist die Veränderung ebenjener Bedingungen, die zu einem fortwährenden Kreislauf der Gewalt führen.

Transformative Gerechtigkeit muss demnach auch den Staat und den demokratischen Prozess einbeziehen, der in einem fortwährenden Aushandlungsprozess überhaupt erst definiert, was als Verbrechen gilt und wie damit umgegangen werden soll. Insofern sie das Verbrechen als eine Form des normativen und materiellen Interessenkonflikts deutet, plädiert eine solche Perspektive auch für eine Repolitisierung strafrechtlicher Fragen. Darüber hinaus wenden sich transformative Modelle gegen die individualisierende Tendenz liberaler Gerechtigkeitstheorien, in denen ein autonomes Ich stets die volle Verantwortung für sein Handeln trägt, obwohl es (auch) ein Produkt gesamtgesellschaftliche Subjektivierungsprozesse ist.

Als Gerechtigkeitsideal zielt transformative Gerechtigkeit darauf ab, die Bedingungen, die zu einer Reproduktion der gleichen Unterdrückungsverhältnisse führen, nachhaltig zu verändern, und koppelt die korrektive Gerechtigkeit stark an grundlegende Fragen der allgemeinen sozialen Gerechtigkeit. Positiv erhebt sie den Anspruch auf die Befriedigung menschlicher Bedürfnisse, die Anerkennung der Würde des Einzelnen und dessen Recht auf Wohnraum, Arbeit und Gleichstellung (Harris 2006, 558).

Das Verhältnis, das restaurative Gerechtigkeit und transformative Gerechtigkeit zueinander einnehmen, lässt sich unterschiedlich deuten. So lässt sich argumentieren, dass 1) restaurative Gerechtigkeit langfristig die Bedingungen für transformative Gerechtigkeit schafft, dass 2) restaurative Gerechtigkeit eine Zwischenvariante zwischen retributiver und transformativer Gerechtigkeit darstellt, aber auch dass 3) beide Positionen letztlich auf das gleiche Gerechtigkeitsideal hinauslaufen (ebd., 559–563). Gegen die Vorstellung ihrer Vereinbarkeit lässt sich einwenden, dass restaurative und transformative Gerechtigkeitstheorien auf unterschiedlichen normativen Visionen fußen: Während restaurative Gerechtigkeit vor allem den Wert der Gemeinschaft hervorhebt und auf gesamtgesellschaftliche Harmonie sowie gegenseitige Unterstützung abzielt, lässt sich transformative Gerechtigkeit stärker mit einem herrschaftskritischen Ansatz gleicher Rechte, der Verteilungsgerechtigkeit und der Betonung individueller Freiheit zusammenbringen. Während restaurative Gerechtigkeit auf kleine Gemeinschaften mit einem fest verankerten und aus der Vergangenheit gespeisten Normengefüge ausgerichtet ist, blickt die transformative Gerechtigkeit in eine herrschaftsfreie Zukunft, um aus diesem Ideal abzuleiten, wie wir im Jetzt mit Normüberschreitungen umgehen sollten. Letztere dekonstruiert (strafrechtliche) Normen als Produkte der Verhältnisse, in denen wir leben. Die Fragen, was überhaupt als sanktionswürdig zu gelten hat und ob es auch Formen der Normstabilisierung jenseits der Strafe gibt, werden dabei selbst zu genuin demokratischen Fragen der Aushandlung und der Verständigung.

Ausblick

1973 definierte das Bundesverfassungsgericht die Resozialisierung als »Wiedereingliederung des Straftäters in die Gesellschaft« und bestimmte sie als »herausragendes Ziel« des Strafvollzugs (BVerfG – BvR 5336/72). Die Richter begründeten das Resozialisierungsgebot mit dem Verweis auf die Menschenwürde und das Sozialstaatsprinzip (BVerfG – 2 BvR 441, 293/90, 618/92, 17/94). Daraus folgend hat ein Gefangener ein Recht auf die Aussicht, wieder als gleichwertiger Bürger in der Gesellschaft leben zu können. Der Vollzug muss so gestaltet werden, dass er diesem Ziel gerecht wird. In der Praxis erschweren knappe finanzielle Mittel und überbelegte Haftanstalten zunehmend die Verwirklichung dieses verfassungsrechtlichen Gebots der Resozialisierung. Zudem scheinen wir uns in einer Phase zu befinden, in der sich die Resozialisierung als Paradigma wohlfahrtsstaatlichen Strafens auf dem Rückzug befindet. Immer mehr treten Bedürfnisse nach Schutz, Kontrolle und Sicherheit in den Vordergrund. Im Hinblick auf die Straftheorie bewegt sich die gesamtgesellschaftliche Debatte hin zu mehr Prävention: Resozialisierung tritt als Motiv in der Strafgesetzgebung gegenüber der Abschreckung und dem Schutz der Bevölkerung stärker zurück (Schlepper 2015). Darüber hinaus ist seit der Föderalismusreform im Bereich des Justizvollzugs, die den einzelnen Bundesländern in Deutschland einen eigenen Spielraum über die rechtlichen Regelungen zum Vollzug einräumt, in Baden-Württemberg, Bayern und Hamburg die Prävention über das Ziel der Resozialisierung im Jugendstrafvollzug gestellt worden, und in sieben weiteren Bundesländern wurden beide Ziele als gleichrangig erklärt (Boers & Schaerff 2008).

Das zunehmende Bedürfnis nach umfassendem Schutz und Kontrolle manifestiert sich auch im Ruf nach Formen fortwährender Überwachung durch Instrumente wie die elektronische Fußfessel. Folgt man dem Philosophen Gilles Deleuze, so manifestiert sich darin der Wandel von der Disziplinargesellschaft hin zur »Kontrollgesellschaft« (Deleuze 1992, 182).

Das Strafrecht droht zudem angesichts der Gefahren durch den internationalen Terrorismus für die innere Sicherheit zu einem »Sicherheitsstrafrecht« zu mutieren (Albrecht 2011, 125). Durch Gesetzesverschärfung soll beim Bürger Vertrauen in das Funktionieren staatlicher Institutionen gewonnen werden. Dieses Sicherheitsbedürfnis manifestiert sich auch im Umgang mit Flüchtlingen, deren erleichterte Ausweisung bei Straftaten als Reaktion auf die Kölner Silvesternacht von 2015/2016 beschlossen wurde, um ein neues Gefühl von Sicherheit und Ordnung herzustellen.

Die Selektivität der staatlichen Kontrolle und der strafrechtlichen Sanktionierung nach Faktoren wie sozialer Herkunft und Migrationshintergrund ist angesichts jüngster Verschärfungen des Strafrechts jedoch umso schwerwiegender. Strafrecht als Reflex, der auf Unsicherheiten und Ängste der Bevölkerung reagiert, droht gesellschaftliche Ungleichheiten weiter zu vertiefen. Um dies in der straftheoretischen Debatte zu reflektieren, bedarf es eigener Untersuchungen, wie soziale Gerechtigkeit, gesellschaftliche Diversität und die Stabilisierung von Normen miteinander verzahnt werden können. Der universelle und emanzipatorische Anspruch des Rechts, alle Bürger als Gleiche anzuerkennen und ihre Freiheiten zu schützen, läuft bei politischer Instrumentalisierung und Selektivität in der Anwendung Gefahr, seine Kraft zu verlieren. Die Frage, die sich hier philosophisch stellt, ist, wie Normstabilisierung – auf der Basis eines Konsenses über schützenswerte Errungenschaften wie unter anderem die Unversehrtheit des Lebens, das Recht auf Bildung und sexuelle Selbstbestimmung – bei gleichzeitiger Minimierung von Gewalt auch jenseits des Reflexes zum repressiven Strafen erreicht werden kann.

Danksagung

Für die kritische Lektüre einzelner Kapitel bedanke ich mich ganz herzlich bei Antonio Martins, Liza Mattutat und Jacqueline Neumann. Für Hinweise und Anmerkungen schulde ich zudem Alberto Bárcenas, Hannah Dübgen, Kai Kresse, Janosch Schobin und Stefan Skupien meinen Dank. Bei der Literaturrecherche und der Erstellung des Manuskripts war mir Iwona Kocjan eine sehr große Hilfe. Zudem bedanke ich mich beim Fachbereich »Postkoloniale Studien und Entwicklungspolitik« der Universität Kassel, insbesondere bei Aram Ziai, für die institutionelle Unterstützung und die positive kollegiale Arbeitsatmosphäre. Bei Steffen Herrmann bedanke ich mich für die gute Zusammenarbeit mit dem Junius Verlag. Ein persönlicher Dank geht an Sebastian Cacean und Roman Graf.

Anmerkungen

1 *Iustititia distributiva* darf hier nicht mit der gleichnamigen aristotelischen Verteilungsgerechtigkeit verwechselt werden.

2 Nietzsches Ausführungen zur Strafe wurden u.a. von Kurt Kassler und Kurt Heinze im Hinblick auf die nationalsozialistische Strafrechtslehre gedeutet (Gschwend 1999, 323), die Nietzsches Ideen der Züchtung, der Selektion und der Menschenexperimente an Verbrechern in einen rassentheoretischen Kontext stellt. Gschwend mahnt, man dürfe diese »hässlichen Seiten« des Gedankenguts Nietzsches nicht einfach übergehen. Dieses sei zwar teilweise verzerrt worden, habe aber dennoch einen fruchtbaren Nährboden für faschistische Ideologie sowohl im Kontext des Strafens als auch der Politik der Lager geboten. Petersen weist darauf hin, dass Nietzsches Ausführungen zur Schuldfrage der NS-Rechtsprechung eindeutig widersprächen, da diese rückwirkend und drakonisch gestraft habe. Zudem basierte die NS-Ideologie auf der Idee der »Lebensführungsschuld« des Täters. Verbrecher wurden typisiert und damit ein Täterstrafrecht etabliert, das ebenfalls im Widerspruch zu Nietzsches Straftheorie steht. Andererseits weisen die nachgelassenen Fragmente aus dem Spätwerk Stellen auf, die für eine NS-ideologische Deutung durchaus anschlussfähig waren (2008, 142–143).

3 Für den Hinweis auf die Kritische Kriminologie in Lateinamerika bedanke ich mich bei Antonio Martins.

4 »Prison-Industrial Complex« ist eine analoge Begriffsbildung zum »Military-Industrial Complex«. Der Begriff geht davon aus, dass die durch die Privatisierung von Gefängnissen erwirtschafteten Profite (der Privatsektor stellt Dienstleistungen und Güter in Gefängnissen bereit und produziert dort Güter durch die Ausbeutung der Arbeitskraft von Gefängnisinsassen) ursächlich seien für das massive Anwachsen der US-amerikanischen Gefängnispopulation. Angela Davis (2011) hat den Begriff popularisiert. Wacquant kritisiert ihn dagegen als linke Demagogie mit der Begründung, die Profite, die in und durch

Gefängnisse produziert werden, seien zu gering, um hier einen Kausalzusammenhang zu begründen. Das Gefängnis diene der Regulation einer armen, wenig ausgebildeten und sozial abgeschotteten Bevölkerung, aus der sich kein weiterer Profit abschöpfen lasse. Haftanstalten seien Orte der Verwahrung und Segregation (Wacquant 2011, 211).

Literatur

Adorno, Theodor W. (Hg.): *Studien zum autoritären Charakter*, Frankfurt/M.: Suhrkamp 1973.

Albrecht, Hans-Jörg: »Bestrafung der Armen? Zu Zusammenhängen zwischen Armut, Kriminalität und Strafrechtsstaat«, in: Bernd Dollinger/Henning Schmidt-Semisch (Hg.): *Gerechte Ausgrenzung? Wohlfahrtsproduktion und die neue Lust am Strafen*, Wiesbaden: VS Verlag 2011, S. 111–129.

Alexander, Michelle: *The New Jim Crow. Mass Incarceration in the Age of Colorblindness*, New York: The New Press 2012.

Alexander, Michelle: »The New Jim Crow«, in: *Ohio State Journal of Criminal Law*, Jg. 9, H. 2 (2011), S. 7–26.

Ambos, Kai: »Cesare Beccaria und die Folter – Kritische Anmerkungen aus heutiger Sicht«, in: *Zeitschrift für die gesamte Strafrechtswissenschaft*, Bd. 122, H. 3 (2010), S. 504–520.

American Friends Service Committee: *Struggle for Justice. A Report on Crime and Punishment in America*, New York: Hill & Wang 1971.

Anghie, Antony: »The Evolution of International Law: Colonial and Postcolonial Realities«, in: *Third World Quarterly*, Jg. 27, H. 5 (2006), S. 739–753.

Anghie, Antony: *Imperialism, Sovereignty and the Making of International Law*, Cambridge: Cambridge University Press 2007.

Aniyar de Castro, Lola: *Criminoloía de la liberación*, Maracaibo: Univ. del Zulia 1987.

Arbeitskreis Junger Kriminologen (AJK) (Hg.): *Kritische Kriminologie. Beiträge zu einer Standortbestimmung*, München: Juventa 1974.

Baumann, Imanuel: »›Ätiologische‹ und ›Kritische‹ Kriminologie in Westdeutschland, 1969 bis 1974. Die Entstehung des ›Arbeitskreises Junger Kriminologen‹ und die Rezeption des *labeling approach* in Westdeutschland«, in: Fritz Sack/Bernd Dollinger (Hg.): *Kriminologie als Gesellschaftswissenschaft. Ausgewählte Texte*, Weinheim: Beltz Juventa 2014, S. 20–38.

Beaumont, Gustave de/Tocqueville, Alexis de: *Système pénitentiaire aux États-Unis et son application en France*, Paris: Librairie de Charles Gosselin 1845.

Beccaria, Cesare: *Von den Verbrechen und von den Strafen* [1764], Berlin: Berliner Wissenschafts-Verlag 2005.

Bedau, Hugo: »Bentham's Theory of Punishment: Origin and Content«, in: *Journal of Bentham Studies*, Bd. 7 (2004), S. 1–15.

Bensouda, Fatou/Papenfuß, Anja: »Wir sollten den IStGH unter allen Umständen vor Politisierung bewahren«, in: *Vereinte Nationen*, H. 1 (2014), S. 16–21.

Bentham, Jeremias: *Prinzipien der Gesetzgebung*, hg. v. Étienne Dumont, Köln: Verlag von Heinrich August Arend 1833.

Bentham, Jeremy: *An Introduction to the Principles of Morals and Legislation*, hg. v. J.H. Burns/H.L.A. Hart, London: The Athlone Press 1970.

Bentham, Jeremy: *The Rationale of Punishment*, hg. v. James T. McHugh, Amherst/NY: Prometheus Books 2009.

Bentham, Jeremy: *Panoptikon oder Das Kontrollhaus*, hg. v. Andreas Leopold Hofbauer/Christian Welzbacher, Berlin: Matthes & Seitz 2013.

Bergalli, Roberto: *Crítica a la Criminología: Hacia una teoría crítica del control social en América Latina*, Bogota: Temis 1982.

Bieri, Peter: *Das Handwerk der Freiheit. Über die Entdeckung des eigenen Willens*, Frankfurt/M: S. Fischer 2003.

Boers, Klaus/Schaerff, Markus: »Abschied vom Primat der Resozialisierung im Jugendstrafvollzug«, in: *Zeitschrift für Jugendkriminalrecht und Jugendhilfe*, Jg. 19, H. 4 (2008), S. 316–324.

Bommarius, Christian: »Die Angst als Gesetzgeber«, in: *Blätter für deutsche und internationale Politik*, Bd. 61, H. 1 (2016), S. 29–32.

Braithwaite, John: *Crime, Shame and Reintegration*, Cambridge u.a.: Cambridge University Press 1989.

Broer, Ingo: »Das *ius talionis* im Neuen Testament«, in: *New Testament Studies*, Bd. 40, H. 1 (1994), S. 1–21.

Brusotti, Marco: »Vom Zarathustra bis zu Ecce homo (1882–1889)«, in: Henning Ottmann (Hg.): *Nietzsche-Handbuch. Leben - Werk - Wirkung*, Stuttgart/Weimar: J. B. Metzler 2000, S. 120–137.

Buckel, Sonja: *Subjektivierung und Kohäsion. Zur Rekonstruktion einer materialistischen Theorie des Rechts*, Weilerswist: Velbrück 2007.

Buckel, Sonja: »Neo-Materialistische Rechtstheorie«, in: Sonja Buckel/Ralph Christensen/Andreas Fischer-Lescano (Hg.): *Neue Theorien des Rechts*, Stuttgart: Lucius & Lucius 2009, S. 113–133.

Bung, Jochen: »Nietzsche über Strafe«, in: *Zeitschrift für die gesamte Strafrechtswissenschaft*, Bd. 119, H. 1 (2007), S. 120–134.

Byrd, Sharon/Hruschka, Joachim: »Kant zu Strafrecht und Strafe im Rechtsstaat«, in: *JuristenZeitung*, Bd. 62, Nr. 20 (2007), S. 957–964.

Comaroff, John L./Comaroff, Jean: »Law and Disorder in the Postcolony. An Introduction«, in: dies. (Hg.): *Law and Disorder in the Postcolony*, Chicago/London: The University of Chicago Press, 2006, S. 1–56.

Cardarelli, Albert P./Hicks, Stephen C.: »Radicalism in Law and Criminology: A Retrospective View of Critical Legal Studies and Radical Criminology«, in: *Journal of Criminal Law and Criminology*, Bd. 84, H. 3 (1993), S. 502–553.

Cavadino, Michael/Dignan, James: *Penal Systems. A Comparative Approach*, London u.a.: Sage Publications 2006.

Chanock, Martin: »Neither Customary nor Legal: African Customary Law in an Era of Family Law Reform«, in: *International Journal of Law, Policy and the Family*, Bd. 3, H. 1 (1989), S. 72–88.

Christie, Nils: »Die versteckte Botschaft des Neo-Klassizismus«, in: *Kriminologisches Journal*, Bd. 15, H. 1 (1983), S. 14–33.

Christie, Nils: *Grenzen des Leids*, Bielefeld: AJZ-Verlag 1986.

Cole, David: »No Equal Justice«, in: *Georgetown Law Faculty Publications* (2001), S. 19–33.

Cornell, Drucilla/Muvangua, Nyoko (Hg.): *Ubuntu and the Law: African Ideals and Postapartheid Jurisprudence*, New York: Fordham University Press 2012.

Cotterrell, Roger: *Émile Durkheim. Law in a Moral Domain*, Edinburgh: Edinburgh University Press 1999.

Council of Europe (Hg.): *Report on Decriminalisation*, Straßburg: European Committee on Crime Problems 1980.

Davis, Angela Y.: *The Prison-Industrial-Complex*, Oakland: AK Press 2001.

Davis, Angela Y.: *Are Prisons Obsolete?*, New York: Seven Stories Press 2003.

Davis, Angela Y.: *Abolition Democracy. Beyond Empire, Prisons, and Torture. Interviews with Angela Y. Davis*, New York/London: Seven Stories Press 2005.

Deleuze, Gilles: »Das elektronische Halsband. Innenansicht der kontrollierten Gesellschaft«, in: *Kriminologisches Journal*, Bd. 24, H. 3 (1992), S. 181–186.

Der Koran. Aus dem Arabischen neu übertragen von Harmut Bobzin unter Mitarbeit von Katharina Bobzin, München: C.H. Beck 2010.

Die Bibel. Altes und Neues Testament. Einheitsübersetzung, Freiburg u.a.: Herder 1991.

Die Schrift. Die fünf Bücher der Weisung, übersetzt von Martin Buber und Franz Rosenzweig, Stuttgart: Deutsche Bibelgesellschaft 1992.

Dollinger, Bernd: »Punitivität in der Diskussion. Konzeptionelle, theoretische und empirische Referenzen«, in: Bernd Dollinger/Henning Schmidt-Semisch (Hg.): *Gerechte Ausgrenzung? Wohlfahrtsproduktion und die neue Lust am Strafen*, Wiesbaden: VS Verlag 2011, S. 25–73.

Dölling, Dieter: »Willensfreiheit und Verantwortungszuschreibung unter kriminalitätstheoretischen Aspekten«, in: Ernst-Joachim Lampe/Michael Pauen/Gerhard Roth (Hg.): *Willensfreiheit und rechtliche Ordnung*, Frankfurt/M.: Suhrkamp 2008, S. 371–395.

Draper, Anthony J.: »Punishment, Proportionality, and the Economic Analysis of Crime«, in: *Journal of Bentham Studies*, Bd. 11 (2009), S. 1–32.

Dübgen, Franziska/Skupien, Stefan: »Das Politische in der Afrikanischen Philosophie«, in: dies. (Hg.): *Afrikanische politische Philosophie*, Berlin: Suhrkamp 2015, S. 9–52.

Dünkel, Frieder/Geng, Bernd/Morgenstern, Christine: »Strafvollzug in Deutschland. Aktuelle rechtstatsächliche Befunde«, in: *Forum Strafvollzug – Zeitschrift für Strafvollzug und Straffälligenhilfe*, Bd. 59, H. 1 (2010), S. 10–32.

Durkheim, Émile: *Die Regeln der soziologischen Methode*, Berlin: Luchterhand 1965.

Durkheim, Émile: *Erziehung, Moral und Gesellschaft. Vorlesung an der Sorbonne 1902/1903*, Frankfurt/M.: Suhrkamp 1984.

Durkheim, Émile: »Two Laws of Penal Evolution«, in: Mike Game (Hg.): *The Radical Sociology of Durkheim and Mauss*, London/New York: Routledge 1992.
Durkheim, Émile: *Über soziale Arbeitsteilung. Studie über die Organisation höherer Gesellschaften*, Berlin: Suhrkamp 2012.
Enderlein, Wolfgang: »Die Begründung der Strafe bei Kant«, in: *Kant-Studien*, Bd. 76, H. 1–4 (1985), S. 303–327.
Engels, Friedrich: *Die Lage der arbeitenden Klasse in England*, Stuttgart: Dietz 1892.
Feest, Johannes/Paul, Bettina: »Abolitionismus. Einige Antworten auf oft gestellte Fragen«, in: *Kriminologisches Journal*, Bd. 40, H. 1 (2008), S. 6–20.
Fischer-Lescano, Andreas/Möller, Kolja: *Der Kampf um globale soziale Rechte. Zart wäre das Gröbste*, Berlin: Verlag Klaus Wagenbach 2012.
Forman Jr., James: »Racial Critique of Mass Incarceration: Beyond the New Jim Crow«, in: *Faculty Scholarship Series*, (2012), Paper 3599, (http://digitalcommmons.law.yale.edu/fss_papers/3599).
Foucault, Michel: *Überwachen und Strafen. Die Geburt des Gefängnisses*, Frankfurt/M.: Suhrkamp 1994.
Frankenberg, Günter: »Partisanen der Rechtskritik: Critical Legal Studies etc.«, in: Sonja Buckel/Ralph Christensen/Andreas Fischer-Lescano (Hg.): *Neue Theorien des Rechts*, Stuttgart: Lucius & Lucius 2009, S. 93–111.
Fröhmcke, Vigor: *Muslime im Strafvollzug: Die Rechtsstellung von Strafgefangenen muslimischer Religionszugehörigkeit in Deutschland*, Berlin: wvb, Wiss. Verlag 2005.
Funk, Ina: »Inhaftierte Frauen – eine aktuelle Bestandsaufnahme des Frauenstrafvollzugs in Deutschland«, in: *Neue Kriminalpolitik*, Bd. 21, H. 2 (2009), S. 50–57.
Furman, Katherine: »Ubuntu and the Law. Some Lessons for the Practical Application of Ubuntu«, in: Leonard Praeg/Siphokazi Magadla (Hg.): *Ubuntu. Curating the Archive*, Pietermaritzburg: University of KwaZulu-Natal Press 2014, S. 150–166.
Gade, Christian B. N.: »The Historical Development of the Written Discourses on Ubuntu«, in: *Journal of South African Philosophy*, Bd. 30, H. 3 (2012), S. 303–329.

Garland, David: *Punishment and Modern Society. A Study in Social Theory*, Chicago: The University of Chicago Press 1990.

Garland, David: *Kultur der Kontrolle. Verbrechensbekämpfung und soziale Ordnung in der Gegenwart*, Frankfurt/M./New York: Campus 2001.

Garlati, Loredana: »Nützlichkeit, exemplarischer Charakter und Sicherheit der Strafe: Beccarias Denken zwischen Mythos und Realität«, in: *Journal der juristischen Zeitgeschichte*, Jg. 16, Nr. 1 (2015), S. 237–268.

Gearey, Adam: »We fearless Ones: Nietzsche and Critical Legal Studies«, in: *Law and Critique*, Bd. 11 (2000), S. 167–184.

Gelsthorpe, Loraine, »Sentencing and Gender«, in: Rosemary Sheehan/Gill McIvor/Chris Totter (Hg.): *What Works with Women Offenders?*, Portland/Cullompton: Willan Publishing 2008, S. 40–60.

Gephart, Werner: *Strafe und Verbrechen. Die Theorie Émile Durkheims*, Opladen: Leske + Budrich 1990.

Gerhardt, Volker: »›Das PRINCIP DES GLEICHGEWICHTS‹. Zum Verhältnis von Recht und Macht bei Nietzsche«, in: *Nietzsche-Studien*, Bd. 12 (1988), S. 111–133.

Goffman, Erving: *Asyle. Über die soziale Situation psychiatrischer Patienten und anderer Insassen*, Frankfurt/M.: Suhrkamp 1973.

Goodrich, Peter/Valverde, Mariana: *Nietzsche and Legal Theory*, New York/London: Routledge 2005.

Gschwend, Lukas: *Nietzsche und die Kriminalwissenschaften. Eine rechtshistorische Untersuchung der strafrechtsphilosophischen und kriminologischen Aspekte in Nietzsches Werk unter besonderer Berücksichtigung der Nietzsche-Rezeption in der deutschen Rechtswissenschaft*, Zürich: Schulthess Polygraphischer Verlag 1999.

Günther, Klaus: »Die symbolisch-expressive Bedeutung der Strafe – Eine neue Straftheorie jenseits von Vergeltung und Prävention?«, in: Cornelius Prittwitz (Hg.): *Festschrift für Klaus Lüderssen: zum 70. Geburtstag am 2. Mai 2002*, Baden-Baden: Nomos 2002, S. 205–220.

Günther, Klaus: »Hirnforschung und strafrechtlicher Schuldbegriff«, in: *Kritische Justiz*, Bd. 39, H. 2 (2006a), S. 116–133.

Günther, Klaus: »Sozialstruktur und Strafvollzug«, in: Axel Honneth (Hg.): *Schlüsseltexte der Kritischen Theorie*, Wiesbaden: VS Verlag 2006b, S. 282–285.

Habermas, Jürgen: *Theorie des kommunikativen Handelns. Band 1: Zur Kritik der funktionalistischen Vernunft*, Frankfurt/M.: Suhrkamp 1981.

Habermas, Jürgen: »Freiheit und Determinismus«, in: *Deutsche Zeitschrift für Philosophie*, Bd. 52, H. 6 (2004), S. 871–890.

Haggard, Patrick/Eimer, Martin: »On the Relation between Brain Potentials and the Awareness of Voluntary Movements«, in: *Experimental Brain Research*, Nr. 126 (1999), S. 128–133.

Hannah, Greg/Clutterbuck, Lindsay/Rubin, Jennifer: *Radicalization or Rehabilitation: Understanding the Challenge of Extremist and Radicalized Prisoners*, Santa Monica, CA: Rand 2008.

Harris, M. K.: »Transformative Justice: The Transformation of Restorative Justice«, in: Dennis Sullivan/Larry Tifft (Hg.): *Handbook of Restorative Justice: A Global Perspective*, London/New York: Routledge 2006, S. 555–565.

Hart, H. L. A.: »Bentham and Beccaria«, in: ders.: *Essays on Bentham. Studies in Jurisprudence and Political Theory*, Oxford: Clarendon Press 2001, S. 40–52.

Hassemer, Winfried: »Vielfalt und Wandel eines interkulturellen Strafrechts«, in: Otfried Höffe: *Gibt es ein interkulturelles Strafrecht? Ein philosophischer Versuch*, Frankfurt/M.: Suhrkamp 1999, S. 157–180.

Hassemer, Winfried: »Grenzen des Wissens im Strafprozess. Neuvermessung durch die empirischen Wissenschaften vom Menschen?«, in: *Zeitschrift für die gesamte Strafrechtswissenschaft*, Bd. 121, H. 4 (2009), S. 829–859.

Häßler, Stefan: *Abolitionismus. Vision oder visionäre Wirklichkeit? Von dem radikalen Modell bis zu den heutigen Modellen außergerichtlicher Konfliktschließung*, Berlin: dissertation.de 2006.

Hegel, G. W. F.: *Grundlinien der Philosophie des Rechts*, Frankfurt/M.: Suhrkamp 1970.

Henning, Christoph: *Philosophie nach Marx. 100 Jahre Marxrezeption und die normative Sozialphilosophie der Gegenwart in der Kritik*, Bielefeld: transcript Verlag 2005.

Hess, Henner/Ostermeier, Lars/Paul, Bettina (Hg.): *Kontrollkulturen. Texte zur Kriminalpolitik im Anschluss an David Garland*, in: *Beiheft zum Kriminologischen Journal*, Jg. 39, H. 9 (2007).

Hirsch, Hans Joachim: »Zur gegenwärtigen Diskussion über Willensfreiheit und Strafrecht«, in: *Zeitschrift für Internationale Strafrechtsdogmatik*, H. 2 (2010), S. 62–67.

Hofbauer, Andreas Leopold: »Backdrop und Lock-up. Beiläufigkeiten zur Gefängniskulisse«, in: ders./Christian Welzbacher (Hg.): *Jeremy Bentham. Panoptikon oder Das Kontrollhaus*, Berlin: Matthes & Seitz 2013, S. 180–195.

Höffe, Otfried: »Vom Straf- und Begnadigungsrecht«, in: ders. (Hg.): *Immanuel Kant. Metaphysische Anfangsgründe der Rechtslehre*, Berlin: Akademie Verlag 1999, S. 213–233.

Hörnle, Tatjana: *Kriminalstrafe ohne Schuldvorwurf. Ein Plädoyer für Änderungen in der strafrechtlichen Verbrechenslehre*, Baden-Baden: Nomos 2013.

Hountondji, Paulin J.: »Die Stimme des Herrn – Bemerkungen zum Problem der Menschenrechte in Afrika«, in: Franziska Dübgen/Stefan Skupien (Hg.): *Afrikanische politische Philosophie*, Berlin: Suhrkamp 2015, S. 149–167.

Howe, Adrian: *Punish and Critique. Towards a Feminist Analysis of Penalty*, London/New York: Routledge 1994.

Hradil, Stefan: »Soziale Schichtung«, in: *Dossier Deutsche Verhältnisse. Eine Sozialkunde*, http://www.bpb.de/politik/grundfragen/deutsche-verhaeltnisse-eine-sozialkunde/138439/soziale-schichtung?p=all, [publiziert am 31.5.2012].

Hudson, Barbara: *Understanding Justice: An Introduction to Ideas, Perspectives and Controversies in Modern Penal Theory*, Buckingham u.a.: Open University Press 2003.

Hulsman, Louk: »The Abolitionist Case: Alternative Crime Policies«, in: *Israel Law Review*, Bd. 25 (1991), S. 681–709.

James, Joy (Hg.): *The New Abolitionists. (Neo)Slave Narratives and Contemporary Prison Writings*, Albany: State University of New York Press 2005.

Jehle, Jörg-Martin/Albrecht, Hans-Jörg/Hohmann-Fricke, Sabine/Tetal, Carina: *Legalbewährung nach strafrechtlichen Sanktionen. Eine bundesweite Rückfalluntersuchung 2007 bis 2010 und 2004 bis 2010*, Berlin: Bundesministerium für Justiz 2013.

Johnstone, Gerry: *Restorative Justice: Ideas, Values, Debates*, London/New York: Routledge 2011.

Kairys, David (Hg.): *The Politics of Law. A Progressive Critique*. New York: Basic Books 1998.

Kaleck, Wolfgang: *Mit zweierlei Maß. Der Westen und das Völkerstrafrecht*, Bonn: Bundeszentrale für politische Bildung 2012.

Kant, Immanuel, *Die Metaphysik der Sitten. Werkausgabe Band VIII*, hg. von Wilhelm Weischedel, Frankfurt/M.: Suhrkamp 1977.

Kant, Immanuel, *Die Kritik der reinen Vernunft. Grundlegung der Metaphysik der Sitten. Werkausgabe Band VII*, hg. von Wilhelm Weischedel, Frankfurt/M.: Suhrkamp 1997.

Kelman, Mark: *A Guide to Critical Legal Studies*, Cambridge/Mass.: Harvard University Press 1987.

Kerner, Ina: *Postkoloniale Theorien zur Einführung*, Hamburg: Junius 2012.

Klug, Ulrich: »Abschied von Kant und Hegel«, in: ders.: *Skeptische Rechtsphilosophie und humanes Strafrecht. Band 2. Materielle und formelle Strafrechtsprobleme*, Berlin/Heidelberg: Springer 1981, S. 149–155.

Lacey, Nicola: *The Prisoners' Dilemma. Political Economy and Punishment in Contemporary Democracies*, New York: Cambridge University Press 2008.

Lamnek, Siegfried: *Theorien abweichenden Verhaltens II. »Moderne Ansätze«*, Paderborn: UTB 2008.

Lappi-Seppälä, Tapio: »Vergleichende Perspektiven zur Punitivität«, in: Frieder Dünkel/Tapio Lappi-Seppälä/Christine Morgenstern/Dirk van Zyl (Hg.): *Kriminalität, Kriminalpolitik, strafrechtliche Sanktionspraxis und Gefangenenraten im europäischen Vergleich. Schriften zum Strafvollzug, Jugendstrafrecht und zur Kriminologie. Band 2*, Mönchengladbach: Forum Verlag Godesberg 2010, S. 937–996.

Libet, Benjamin: »Haben wir einen freien Willen?«, in: Christian Geyer (Hg.): *Hirnforschung und Willensfreiheit. Zur Deutung der neuesten Experimente*, Frankfurt/M.: Suhrkamp 2004, S. 268–289.

Liszt, Franz von: *Der Zweckgedanke im Strafrecht*, Frankfurt/M.: Vittorio Klostermann 1968.

Liszt, Franz von: »Die deterministischen Gegner der Zweckstrafe«, in: Thomas Vormbaum (Hg.): *Moderne deutsche Strafrechtsdenker*, Heidelberg u.a.: Springer 2011, S. 224–237.

Loick, Daniel: »Strafe muss nicht sein. Zur Kritik des Strafrechts auf nationaler und internationaler Ebene«, in: *Zeitschrift für Menschenrechte*, H. 1 (2012), S. 30–43.

Lombroso, Cesare/Ferrero, Guglielmo: *The Female Offender*, London: Unwin 1895.

Louw, Dirk: »Ubuntu and the Challenges of Multiculturalism in Post-Apartheid South Africa«, in: *African Journal of Philosophy*, Bd. 15, H. 1–2 (2001), S. 15–36.

Luhmann, Niklas: »Arbeitsteilung und Moral. Durkheims Theorie«, in: Émile Durkheim: *Über soziale Arbeitsteilung. Studie über die Organisation höherer Gesellschaften*, Berlin: Suhrkamp 2012, S. 19–38.

Maihofer, Andrea: *Das Recht bei Marx. Zur dialektischen Struktur von Gerechtigkeit, Menschenrechten und Recht*, Baden-Baden: Nomos 1992.

Mamdani, Mahmood: *Citizen and Subject: Contemporary Africa and the Legacy of Late Colonialism*, Princeton: Princeton University Press 1996.

Mamdani, Mahmood: »When Does Reconciliation Turn Into a Denial of Justice?«, *Sam Molutshungu Memorial Lectures*, HSRC Publishers: Pretoria 1998.

Mangena, Fainos: »The Search for a Feminist Ethic: A Zimbabwean Perspective«, in: *Journal of International Women's Studies*, Jg. 11, H. 2 (2009), S. 18–30.

Marcuse, Herbert: *Der eindimensionale Mensch*, Berlin: Luchterhand 1967.

Marx, Karl/Engels, Friedrich: *Marx-Engels-Werke*, Bd. 1, Berlin: Dietz Verlag 1981. [MEW 1]

Marx, Karl/Engels, Friedrich: *Marx-Engels-Werke*, Bd. 2, Berlin: Dietz Verlag 1962. [MEW 2]

Marx, Karl/Engels, Friedrich: *Marx-Engels-Werke*, Bd. 8, Berlin: Dietz-Verlag 1960. [MEW 8]

Mathiesen, Thomas: *The Politics of Abolition. Essays in Political Action Theory*, Oslo: Universitetsforlaget 1974.

Mbembe, Achille: *On the Postcolony*, Los Angeles u.a.: University of California Press 2001.

McIvor, Gill: »The Nature of Female Offending«, in: Rosemary Sheehan/Gill McIvor/Chris Totter (Hg.): *What Works with Women Offenders?*, Portland/Cullompton: Willan Publishing 2008, S. 1–22.

Melossi, Dario: »Georg Rusche and Otto Kirchheimer: Punishment and Social Structure«, in: *Crime and Social Justice*, Bd. 9 (1978), S. 73–85.

Melossi, Dario: *Controlling Crime, Controlling Society. Thinking about Crime in Europe and America*, Cambridge/Malden: Polity 2008.

Menke, Christoph: »Die ›andre Form‹ der Herrschaft. Marx' Kritik des Rechts«, in: Rahel Jaeggi/Daniel Loick (Hg.): *Nach Marx. Philosophie, Kritik, Praxis*, Berlin: Suhrkamp 2013, S. 273–296.

Menke, Christoph: *Kritik der Rechte*, Berlin: Suhrkamp 2015.

Merkel, Reinhard: »Handlungsfreiheit, Willensfreiheit und strafrechtliche Schuld«, in: Ernst-Joachim Lampe/Michael Pauen/Gerhard Roth (Hg.): *Willensfreiheit und rechtliche Ordnung*, Frankfurt/M.: Suhrkamp 2008, S. 332–370.

Merle, Jean-Christophe: *Strafen aus Respekt vor der Menschenwürde. Eine Kritik am Retributivismus aus der Perspektive des deutschen Idealismus*, Berlin: de Gruyter 2007.

Michalowski, Raymond: »Radikale Kriminologie in den USA – Die Evolution marxistischer Analysen von Staat, Recht und Kriminalität«, in: Helmut Janssen/Reiner Kaulitzky/Raymond Michalowski (Hg.): *Radikale Kriminologie. Themen und theoretische Positionen der amerikanischen Radical Criminology*, Bielefeld: AJZ 1988, S. 35–61.

Miller, William I.: *Eye for an Eye*, New York: Cambridge University Press 2006.

Mohr, Georg: »›nur weil er verbrochen hat‹ – Menschenwürde und Vergeltung in Kants Strafrechtsphilosophie«, in: Heiner F. Klemme (Hg.): *Kant und die Zukunft der europäischen Aufklärung*, Berlin/New York: de Gruyter 2009, S. 469–499.

Mohr, Georg: »Unrecht und Strafe (§§82–104, 214, 218–220)« in: Ludwig Siep (Hg.): *G. W. F. Hegel: Grundlinien der Philosophie des Rechts*, Berlin: de Gruyter 2014, S. 95–124.

Monachesi, Elio: »Pioneers in Criminology IX – Cesare Beccaria (1738–1794)«, in: *Journal of Criminal Law and Criminology*, Bd. 46, H. 4 (1956), S. 439–449.

Morris, Ruth: *A Practical Path to Transformative Justice*, Toronto: Rittenhouse 2000.

Mushoff, Tobias: *Strafe – Maßregel – Sicherheitsverwahrung. Eine kritische Untersuchung über das Verhältnis von Schuld und Prävention*, Frankfurt/M. u.a.: Peter Lang 2008.

Nagel, Mechthild: »Ludic Ubuntu: An Appeal toward Transformative Justice«, (http://realcostofprisons.org/materials/Ludic-Ubuntu.pdf 2014).

Naucke, Wolfgang: »Die Kriminalpolitik des Marburger Programms 1882«, in: *Zeitschrift für die gesamte Strafrechtswissenschaft*, Bd. 94, H. 3 (1982), S. 525–564.

Naucke, Wolfgang: »Einführung: Beccaria, Strafrechtskritiker und Strafrechtsverstärker«, in: Cesare Beccaria, *Von den Verbrechen und von den Strafen* (1974), Berlin: Berliner Wissenschafts-Verlag 2005, IX-XLVI.

Nietzsche, Friedrich: *Menschliches, Allzumenschliches. Erster Band. Nachgelassene Fragmente 1876 bis Winter 1877–1878*, Berlin: de Gruyter 1967. [MA I]

Nietzsche, Friedrich: *Menschliches, Allzumenschliches. Zweiter Band. Nachgelassene Fragmente Frühling 1878 bis November 1879*, Berlin: de Gruyter 1967. [MA II]

Nietzsche, Friedrich: *Jenseits von Gut und Böse. Zur Genealogie der Moral. Kritische Studienausgabe*, München: dtv 2012. [GdM]

Nietzsche, Friedrich: *Nachgelassene Fragmente, 1875–1879, Kritische Studienausgabe*, Bd. 8, Berlin: de Gruyter 1999. [KSA 8]

Nocella, Anthony J.: »An Overview of the History and Theory of Transformative Justice«, in: *Peace & Conflict Review*, Bd. 6, H. 1 (2011), S. 1–10.

Olmo, Rosa del: *América Latina y su criminología*, Madrid u.a.: siglo ventiuno editores 1981.

Otto, Eckart: *Kontinuum und Proprium. Studien zur Sozial- und Rechtsgeschichte des Alten Orients und des Alten Testaments*, Wiesbaden: Harrassowitz Verlag 1996.

Oyěwùmí, Oyèrónkẹ́: »Kolonialisierte Körper und Köpfe. Gender und Kolonialismus«, in: Franziska Dübgen/Stefan Skupien (Hg.): *Afrikanische politische Philosophie*, Berlin: Suhrkamp 2015, S. 218–259.

Paech, Norman: »Der Internationale Strafgerichtshof und die langen Schatten des Neokolonialismus«, in: *Wissenschaft & Frieden*, H. 2 (2014), S. 31–34.

Paschukanis, Eugen: *Allgemeine Rechtslehre und Marxismus. Versuch einer Kritik der juristischen Grundbegriffe*, Frankfurt: Neue Kritik 1970.

Pauen, Michael: »Freiheit, Schuld, Verantwortung. Philosophische Überlegungen und empirische Befunde«, in: Gunnar Duttge (Hg.), *Das Ich und sein Gehirn. Die Herausforderung der neurobiologischen Forschung für das (Straf-)Recht*, Universitätsverlag Göttingen 2009, S. 75–96.

Petersen, Jens: *Nietzsches Genialität der Gerechtigkeit*, Berlin: de Gruyter 2008.

Plack, Arno: *Plädoyer für die Abschaffung des Strafrechts*, München: List 1974.

Poulantzas, Nikos: »Aus Anlaß der marxistischen Rechtstheorie (1967)«, in: Norbert Reich (Hg.): *Marxistische und sozialistische Rechtstheorie*, Frankfurt/M.: Athenäum 1972, S. 181–199.

Poulantzas, Nikos: »Die gesellschaftlichen Klassen und ihre erweiterte Reproduktion«, in: Urs Jaeggi (Hg.): *Sozialstruktur und politisches System*, Köln: Kiepenheuer & Witsch 1976, S. 15–37.

Pratt, John: *Penal Populism*, London/New York: Routledge 2007.

Primorac, Igor: »Kant und Beccaria«, in: *Kant-Studien*, Bd. 69, H. 1–4 (1978), S. 403–421.

Radbruch, Gustav: »Der Erziehungsgedanke im Strafwesen«, in: ders.: *Strafvollzug*, Heidelberg: C.F. Müller Juristischer Verlag 1993, S. 71–79. Publishers 2005.

Rösler, Frank: »Was verraten die Libet-Experimente über den ›freien Willen‹? – Leider nicht sehr viel«, in: Ernst-Joachim Lampe/Michael Pauen/Gerhard Roth (Hg.): *Willensfreiheit und rechtliche Ordnung*, Frankfurt/M.: Suhrkamp 2008, S. 140–164.

Roth, Gerhard: »Willensfreiheit und Schuldfähigkeit aus Sicht der Hirnforschung«, in: Gerhard Roth/Klaus-Jürgen Grün (Hg.): *Das Gehirn und seine Freiheit. Beiträge zur neurowissenschaftlichen Grundlegung der Philosophie*, Göttingen: Vandenhoeck & Ruprecht 2009, S. 9–27.

Roth, Gerhard/Lück, Monika/Strüber, Daniel: »Willensfreiheit und strafrechtliche Schuld aus Sicht der Hirnforscher«, in: Ernst-Joachim Lampe/Michael Pauen/Gerhard Roth (Hg.): *Willensfreiheit und rechtliche Ordnung*, Frankfurt/M.: Suhrkamp 2008, S. 126–139.

Roxin, Claus: »Franz von Liszt und die kriminalpolitische Konzeption des Alternativentwurfs«, in: *Zeitschrift für die gesamte Strafrechtswissenschaft*, Bd. 83, H. 3 (1969), S. 613–649.

Rusche, Georg: »Arbeitsmarkt und Strafvollzug. Gedanken zur Soziologie der Strafjustiz«, in: *Zeitschrift für Sozialforschung*, Bd. 2 (1933), S. 63–78.

Rusche, Georg/Kirchheimer, Otto: *Punishment and Social Structure*, New York: Columbia University Press 1939.

Sack, Fritz: »Neue Perspektiven in der Kriminologie«, in: ders./René König (Hg.): *Kriminalsoziologie*, Frankfurt/M.: Akademische Verlagsgesellschaft 1968, S. 2–31.

Scheerer, Sebastian: »Warum sollte das Strafrecht Funktionen haben? Gespräch mit Louk Hulsman«, in: *Kriminologisches Journal*, Bd. 15, H. 1 (1983), S. 61–74.

Schirrmacher, Thomas: »Darf ein Christ vor Gericht gehen?«, Berlin u.a.: Martin Bucer Seminar, Jg. 1, H. 7 (2004), S. 3–15.

Schlepper, Christina: *Strafgesetzgebung in der Spätmoderne. Eine empirische Analyse legislativer Punitivität*, Wiesbaden: VS Springer 2014.

Schlepper, Christina: »Die Renaissance des repressiven Strafrechts«, in: *Zeitschrift für Rechtssoziologie*, Bd. 34, H. 1–2 (2016), S. 165–182.

Schnelle, Udo: *Einleitung in das Neue Testament*, Göttingen: Vandenhoeck & Ruprecht 2013.

Schumann, Karl F.: »Produktionsverhältnisse und staatliches Strafen. Zur aktuellen Diskussion über Rusche/Kirchheimer«, in: *Kritische Justiz*, Bd. 14, H. 1 (1981), S. 64–77.

Seibert, Thomas-Michael: »Dekonstruktion der Gerechtigkeit. Nietzsche und Derrida«, in: Sonja Buckel/Ralph Christensen/Andreas Fischer-Lescano (Hg.): *Neue Theorien des Rechts*, Stuttgart: Lucius & Lucius 2009, S. 27–52.

Seminara, Sergio: »Das Werk ›Von den Verbrechen und von den Strafen‹ von Cesare Beccaria zwischen Philosophie, Strafrecht und Kriminalpolitik«, in: *JuristenZeitung*, Bd. 69 (2014), S. 1121–1131.

Shutte, Augustine: *Ubuntu. An Ethic for a New South Africa*, Pietermaritzburg: Cluster Publications 2001.

Sim, Joe: »Abolitionism«, in: Eugene McLaughlin/John Muncie (Hg.): *The Sage Dictionary of Criminology*, London u.a.: Sage Publications 2013, S. 2–4.

Singer, Wolf: »Verschaltungen legen uns fest: Wir sollten aufhören, von Freiheit zu sprechen«, in: Christian Geyer (Hg.): *Hirnforschung und Willensfreiheit. Zur Deutung der neuesten Experimente*, Frankfurt/M.: Suhrkamp 2004, S. 30–65.

Smaus, Gerlinda: »Gesellschaftsmodelle in der abolitionistischen Bewegung«, in: *Kriminologisches Journal*, Bd. 18, H. 1 (1986), S. 1–18.

Smaus, Gerlinda: *Das Strafrecht und die gesellschaftliche Differenzierung*, Baden-Baden: Nomos 1998.

Snyder, Francis G.: »Colonialism and Legal Form: The Creation of ›Costumary Law‹ in Senegal«, in: *Journal for Legal Pluralism*, H. 19 (1981), S. 49–90.

Statistisches Bundesamt: »Bevölkerung und Erwerbstätigkeit. Ausländische Bevölkerung. Ergebnisse des Ausländerzentralregisters«, Wiesbaden 2012.

Staubli, Thomas/Zumstein-Hochreutener, Gabriela: *Begleiter durch das Erste Testament*, Düsseldorf: Patmos Verlag, 1997.

Straube, Sascha: *Zum gemeinsamen Ursprung von Recht, Gerechtigkeit und Strafe in der Philosophie Friedrich Nietzsches*, Berlin: Duncker & Humblot 2012.

Streng, Franz: »Hirnforschung, Willensfreiheit und Schuld«, in: Gunnar Duttge (Hg.), *Das Ich und sein Gehirn. Die Herausforderung der neurobiologischen Forschung für das (Straf-)Recht*, Universitätsverlag Göttingen 2009, S. 97–101.

Sutherland, Edwin H.: *White Collar Press*, London/New Haven: Yale University Press 1983.

Taylor, Ian/Walton, Paul/Young, Jock (Hg.): *The New Criminology. For a Social Theory of Deviance*, London/New York: Routledge 1973.

Taylor, Ian/Walton, Paul/Young, Jock: »Aussichten für eine radikale kriminologische Theorie und Praxis«, in: Arbeitskreis Junger Kriminologen (Hg.): *Kritische Kriminologie. Positionen, Kontroversen und Perspektiven*, München: Juventa 1974, S. 85–107.

Thompson, Ken: *Émile Durkheim*, New York: Routledge 2002.

Trotha, Trutz von: »›Limits to Pain‹. Diskussionsbeitrag zu einer Abhandlung von Nils Christie«, in: *Kriminologisches Journal*, Bd. 15, H. 1 (1983), S. 34–53.

Ugelvik, Thomas: »The Incarceration of Foreigners in European Prisons«, in: Sharon Pickering/Julie Ham (Hg.): *The Routledge Handbook on Crime and International Migration*, Abingdon/New York: Routledge 2015, S. 107–120.

Valverde, Mariana: »Pain, Memory, and the Creation of the Liberal Legal Subject: Nietzsche on the Criminal Law«, in: Peter Goodrich/Mariana Valverde (Hg.): *Nietzsche and Legal Theory*, New York/London: Routledge 2005, S. 67–87.

Van Gundy, Alana/Baumann-Grau, Amy: *Women, Incarceration and Human Rights Violations. Feminist Criminology and Corrections*, Surrey/Burlington: Ashgate 2013.

Vormbaum, Thomas: *Einführung in die moderne Strafrechtsgeschichte*, Heidelberg u.a.: Springer 2011.

Wacquant, Loïc: *Elend hinter Gittern*, Konstanz: UKV 2000.

Wacquant, Loïc: *Bestrafen der Armen. Zur neoliberalen Regierung der sozialen Unsicherheit*, Opladen: Barbara Budrich 2009.

Wacquant, Loïc: »The Wedding of Workfare and Prisonfare Revisited. Interviewed by Volker Eick und Karen J. Winkler«, in: *Social Justice*, Bd. 38, H. 1–2 (2011), S. 203–221.

Weber, Edmund: »Mohammeds Frage. Versuch zur theologischen Differenzierung von Vergeltung und Vergebung im Islam«, in: *Journal of Religious Culture*, H. 149 (2011).

Welzbacher, Christian: »Nachwort«, in: ders./Andreas Leopold Hofbauer (Hg.): *Jeremy Bentham. Panoptikon oder Das Kontrollhaus*, Berlin: Matthes & Seitz 2013, S. 196–212.

Widmann, Bernhard: *Die Prävalenz psychischer Störungen bei Frauen in Haft*, Dissertationsschrift bei der Medizinischen Fakultät der Rheinisch-Westfälischen Technischen Hochschule Aachen 2006.

Wilcke, Claus: »Der Kodex Urnamma (CU): Versuch einer Rekonstruktion«, in: Zvi Abusch (Hg.): *Riches Hidden in Secret Places: Ancient Near Eastern Studies in Memory of Thorkild Jacobson*, Winona Lake: Eisenbrauns 2002, S. 291–333.

Wiredu, Kwasi: »Demokratie und Konsensus in traditioneller afrikanischer Politik«, in: Franziska Dübgen/Stefan Skupien (Hg.), *Afrikanische politische Philosophie*, Berlin: Suhrkamp 2015, S. 168–181.

World Prison Brief (2011), (http://www.prisonstudies.org/country/Germany).

Zaffaroni, Eugenio Raúl: *Criminología, aprocimación desde un margen*, Bogota: Temis 1988.

Zyl, Paul van: »Dilemmas of Transitional Justice: The Case of South Africa's Truth and Reconciliation Commission«, in: *Journal of International Affairs*, Bd. 52, H. 2 (1999), S. 647–667.

Rechtsquellen

BGHSt, Beschluss des Großen Senats für Strafsachen vom [18. März 1952] v 2, 194 -, GSSt 2/51.

BVerfG, Urteil des Ersten Senats vom [5. Juni 1973] c 35, 202 -, BvR 5336/72.

BVerfG, Urteil des Ersten Senats vom [21. Juni 1977] – 45, 187 -, 1 BvL 14/76.

BVerfG, Urteil des Zweiten Senats vom [1. Juli 1998] – 98, 169 -, 2 BvR 441, 493/90, 618/92, 212/93 und 2 BvL 17/94.

Die Europäische Menschenrechtskonvention in der Fassung der Protokolle Nr. 11 und 14 samt Zusatzprotokoll und Protokolle Nr. 4, 6, 7, 12 und 13 (2010), (www.echr.coe.int/Documents/Convention_DEU.pdf).

EGMR, Urteil vom [7. April 2016] – V 23279/14, (http://hudoc.echr.coe.int/eng?i=001-159782#{"itemid":["001-159782"]}).

Grundgesetz fur die Bundesrepublik Deutschland in der im Bundesgesetzblatt Teil III, Gliederungsnummer 100-1, veröffentlichten bereinigten Fassung, das zuletzt durch Artikel 1 des Gesetzes vom 23. Dezember 2014 (BGBl.I S. 2438) geändert worden ist, (1949). [GG]

Römisches Statut des Internationalen Strafgerichtshofs (1998), (http://www.un.org/depts/german/internatrecht/roemstat1.html).

THE CONSTITUTION, Interim Constitution, Act 200 of 1993 (1993), (http://www.constitutionalcourt.org.za/site/constitution/english-web/interim/).

Strafgesetzbuch in der Fassung der Bekanntmachung vom 13. November 1998 (BGBl. I S. 3322), das zuletzt durch Artikel 1 des Gesetzes vom 30. Mai 2016 (BGBl. I S. 1254) geändert worden ist, (1871). [StGB]

Strafprozeßordnung in der Fassung der Bekanntmachung vom 7. April 1987 (BGBl. I S. 1074, 1319), die zuletzt durch Artikel 1 des Gesetzes vom 21. Dezember 2015 (BGBl. I S. 2525) geändert worden ist, (1950). [StPO]

Verfassung der Vereinigten Staaten von Amerika (1787), (http://usa.usembassy.de/etexts/gov/gov-constitutiond.pdf).

Glossar

Abolitionismus
Abolitionistische Straftheorien zielen auf die Abschaffung des Strafrechts, insbesondere der Gefängnisstrafe.

Ätiologische Kriminologie
Die Ätiologische Kriminologie untersucht die Ursachen von Verbrechen beim Täter und in der Gesellschaft.

Absolute Straftheorie
Absolute Straftheorien begründen die Strafe mit Verweis auf absolute Werte (wie die Gerechtigkeit oder die Wiederherstellung der Geltung des Rechts als Grundbedingung der Freiheit) und betrachten Strafe als eine Pflicht.

Etikettierungsansatz/Labeling Approach
Gemäß dem Etikettierungsansatz werden Personen aufgrund sozialer Zuschreibungen als »kriminell« bezeichnet. Außerhalb dieser Zuschreibungspraxis gibt es diesem Ansatz zufolge kein neutrales Kriterium dafür, was als Verbrechen zu gelten hat.

Korrektive/ausgleichende Gerechtigkeit
Korrektive Gerechtigkeit stellt einen Zustand der Gleichheit wieder her, der durch eine Tat in ein Ungleichgewicht geraten ist.

Misch-/Vereinigungstheorien
Aktuelle Theorien des Strafrechts sind überwiegend Mischtheorien, die sich sowohl auf die Resozialisierung als auch auf die Prävention, teilweise auch auf Vergeltung, als kombinierte Strafziele beziehen.

Pönologie
Die Pönologie ist die Wissenschaft von den Strafen und von spezifischen strafrechtlichen Sanktionen.

Präventionstheorie
Die Präventionstheorie bestimmt den Schutz der Bevölkerung und die Verhinderung zukünftiger Verbrechen als Ziele des Strafens. Sie gliedert sich in *Generalprävention*, die Wirkung von Strafen auf das allgemeine Rechtsbewusstsein, und *Spezialprävention*, die Folgen der Strafe für das bestrafte Individuum. Strafen sind negativ generalpräventiv, wenn sie auf die Bevölkerung abschreckend wirken. Sie sind positiv generalpräventiv, wenn sie das Vertrauen der Bevölkerung in das Recht stärken. Strafen üben eine negative spezialpräventive Wirkung aus, wenn sie den Verurteilten von weiteren Straftaten abhalten (z. B. durch Inhaftierung). Eine Sanktion ist positiv spezialpräventiv, wenn sie einer Person ein Leben ohne Straftaten ermöglicht (z. B. durch Resozialisierungsmaßnahmen).

Punitivität
Punitivität bezeichnet den Grad, in dem eine Gesellschaft geneigt ist, auf Normabweichungen mithilfe von Strafen zu reagieren. Ein hoher Grad an Punitivität geht mit harten und vermehrten Strafsanktionen einher. Im Hintergrund für hohe Punitivität steht nicht selten das Motiv der Rache.

Rechtsgüterschutz
Gemäß dem Rechtsgüterschutz ist es Aufgabe des Strafrechts, die von einer Rechtsgemeinschaft als schützenswert erachteten Rechtsgüter (z. B. die Unversehrtheit des Lebens) zu schützen.

Resozialisierung/Besserung
Die Resozialisierung zielt darauf ab, einer Person, die strafrechtlich verurteilt wurde, nach der Haft ein Leben in der Gesellschaft ohne Straftaten zu ermöglichen.

Restaurative Gerechtigkeit
Restaurative Gerechtigkeit zielt auf die Wiederherstellung eines gerechten Zustands durch Versöhnung zwischen Täter und Opfer sowie durch Maßnahmen der Wiedergutmachung (z. B. durch Reparationszahlungen).

Retributive Gerechtigkeit
Retribution besteht in der rückwirkenden Reaktion auf ein in der Vergangenheit liegendes Unrecht zur Wiederherstellung eines gerechten, recht-

mäßigen Zustands. Grund der Strafe ist die Vergeltung. Das Strafmaß muss der Schwere der Straftat entsprechen.

Relative Straftheorie
Relative Straftheorien rechtfertigen strafrechtliche Sanktionen im Hinblick auf den Nutzen, den sie für eine Gesellschaft haben. Sie argumentieren dabei konsequentialistisch im Hinblick auf die zukünftigen Folgen von Bestrafungen für eine Rechtsgemeinschaft.

Talionsprinzip
Das Talionsprinzip gebietet, dass Gleiches mit Gleichem vergolten wird. Demnach muss die Strafe gemäß der Art und Schwere der Straftat bestimmt werden.

Personenregister

Sachregister

Franziska Dübgen, Dr. phil., ist Nachwuchsgruppenleiterin der Forschungsgruppe »Jenseits einer Politik des Strafens« an der Universität Kassel. Sie studierte Philosophie und Politikwissenschaften in Berlin und promovierte an der Goethe-Universität Frankfurt. Forschungsaufenthalte in Sassari (Italien) und New York. Sie ist Ko-Leiterin des DFG-Forschungsprojekts »Diversität, Macht und Gerechtigkeit: Transkulturelle Perspektiven«. Zu ihren Arbeitsschwerpunkten gehören Afrikanische Philosophie, Politische Philosophie, Postkolonialismus und Rechtsphilosophie.

Veröffentlichungen u.a.: Wagadu-Sonderausgabe *Epistemic Injustice in Practice* (Hg.), Cortland/NY 2016; *Afrikanische politische Philosophie. Postkoloniale Positionen*, Berlin 2015 (Hg. mit Stefan Skupien); *Was ist gerecht? Kennzeichen einer transnationalen solidarischen Politik*; Frankfurt/M. 2014.